Inhalt

Einleitung

Seit dem Verschwinden der Utopien des 20. Jahrhunderts und dem Niedergang der Autorität der Religionen vollzieht sich in demokratischen Gesellschaften eine beständige Revision von Traditionen und Lebensweisen. Aus psychoanalytischer Perspektive muss der Tatsache Rechnung getragen werden, dass die spezifischen, damit einhergehenden Mentalitäten den notwendigen Kompromissen zwischen Triebanforderung und soziokultureller Realität entsprechen (vgl. Kahn, 2004). Diese Realität verändert sich mit zunehmender Geschwindigkeit und damit logischerweise auch die Erlebniswelt der Individuen.

Die Psychoanalyse hat auf konzeptueller Ebene solchen Veränderungen zu wenig Rechnung getragen. Zwar werden auf klinischer Ebene neue Lebensformen (meist) wohlwollend begleitet, aber die Hypothese der Universalität und Allgemeingültigkeit von wichtigen Schlüsselkonzepten der Psychoanalyse, wie dem vom Ödipuskomplex, von »genitaler« Sexualität oder hinsichtlich der Organisation sexueller Identifizierungen und Orientierungen, bleibt unangetastet. Jean Laplanche[1] repräsentiert in diesem Kontext eine große Ausnahme[2]. Mit seiner originellen Rückbesinnung auf den Kern der freudianischen Entdeckung, d. h. die der infantilen

---

1 Jean Laplanche 1924–2012. Gemeinsam mit Jean-Bertrand Pontalis verfasste er 1967 das Standardwerk *Das Vokabular der Psychoanalyse*. Seine im Psychosozial-Verlag erschienenen Bücher *Neue Grundlagen für die Psychoanalyse* (2011) und *Sexual: Eine im Freud'schen Sinne erweiterte Sexualtheorie* (2017) erlauben einen ersten Überblick seiner metapsychologischen Erneuerungen.

2 Darauf hat im deutschsprachigen Raum insbesondere Udo Hock in zahlreichen Veröffentlichungen aufmerksam gemacht. Er ist gemeinsam mit Jean-Daniel Sauvant Übersetzer der Schriften Laplanches aus dem Französischen ins Deutsche.

Sexualität und deren Schicksale, befindet er sich geradezu in Gegenbewegung zu den metapsychologischen Beiträgen der letzten Jahrzehnte. Dabei besteht das Spezifische der psychoanalytischen Erkenntnis doch vor allem darin, dass der Mensch – anders als das Tier – die Bindungs- und Überlebensfunktionen systematisch subvertiert: Diese werden benutzt, unterwandert, entstellt, umgeformt, verfremdet, pervertiert, um bewusstem und vor allem unbewusstem Wünschen zu dienen. Da wo das (nicht domestizierte) Tier frisst, um sich zu ernähren, entwickelt der Mensch durch Anorexie, Bulimie, Vielfraß, Kaugummi, Rauchen, zu viel Alkohol- und Drogenkonsum spezifische Phänomene, die mit der ursprünglichen Funktion – sich ernähren – nur noch mehr oder minder in Verbindung stehen. Ordnung schaffen wird zur Zwangsneurose, sich sauber halten wird zum Waschzwang, die Verdauungsvorgänge werden kontrolliert und ritualisiert.

Da wo es bei der Kopulation im Tierreich »natürlich« um Fortpflanzung geht, sehen wir beim Menschen ein hochempfindliches, vor allem fantasieabhängiges und -gesteuertes sexuelles Geschehen, losgelöst von Zyklen, Pheromonen und genetisch programmiertem Balzverhalten. Die menschliche Sexualität zeichnet sich durch permanente fantasmatische Aktualität, sowie durch eine außerordentliche Plastizität diesseits und jenseits jeder Fortpflanzungslogik aus. Das Tier dagegen hat Sexualfantasien nicht nötig, um den Kopulationspartner zu suchen und zu finden. Es folgt seinem auf Fortpflanzung drängenden Instinkt, und davon gibt es kein Abweichen. So gibt es auch keine »homosexuellen« Affen, Hunde oder Delphine, selbst wenn wir sexuelles Verhalten unter Tieren gleichen Geschlechts beobachten können. Und im Tierreich finden sich auch keine transidentitären Phänomene wie Travestie oder Transsexualität.

Das Verständnis dessen, was die Psychoanalyse ausmacht, hat sich in den letzten Jahrzehnten aber verlagert. Heute so einflussreich gewordene Autoren wie Winnicott und Bion hatten zu ihren Lebzeiten die Aufmerksamkeit von der Psychosexualität auf Interaktions- und Denkvorgänge im Hier-und-Jetzt der analytischen Sitzung verlagert, und die Theoretisierung von Symbolisierungsvorgängen früher traumatischer Erfahrungen steht heute ganz im

Mittelpunkt. Selbst Peter Fonagy, Theoretiker in erster Linie von Bindungs- und Mentalisierungsvorgängen, stellte in dem von der *Internationalen Psychoanalytischen Vereinigung* herausgebrachten Band *Identity, Gender and Sexuality* fest: »Es scheint, als gebe es keinen Raum mehr für Sexualität in der Psychoanalyse. Wir sehen diese nicht mehr in allen Fällen als grundlegend an oder überhaupt noch als relevant für aktuelle Theoriebildung«, und fährt fort: »Psychosexualität wird heutzutage häufiger so gesehen, dass sie andere, nicht-sexuelle selbst- und objektbezogene Konflikte verdeckt, als umgekehrt« (Fonagy, 2006, S. 1, eigene Übersetzung). Im gleichen Sinne wendet Gilbert Diatkine, französischer Lehranalytiker, ein,

> »unter dem Vorwand, sich ausschließlich auf die Analyse des Hier-und-Jetzt zu konzentrieren, können viele Fallvorstellungen von Autoren, die sich im Prinzip auf die Freud'sche Metapsychologie beziehen, keinerlei Anspielung mehr auf Triebe oder die unbewusste sexuelle Fantasie enthalten« (Diatkine, 1996, S. 145, eigene Übersetzung).

Die starke Aufmerksamkeit für das Hier-und-Jetzt geriet der Theorie zur infantilen Sexualität zum Nachteil, da diese nur vor dem Hintergrund des komplizierten Zeitkonzepts der Nachträglichkeit – von Freud in der Fallgeschichte von Emmy N. (1895d), später auch besonders im Wolfsmann (1918) entwickelt – erschlossen und schließlich sichtbar gemacht werden kann. Dazu bedarf es mehr als bloßer Beobachtung dessen, was aktuell in der Sitzung ausgedrückt wird, was von eminenten AnalytikerInnen wiederum zugunsten eines mehr empirisch, scheinbar »objektiver« orientierten Vorgehens zurückgewiesen wird. »Es ist eindeutig, dass wir nicht in der Lage sind, direkt, über das, was sich uns von der Couch aus präsentiert, die Bausteine oder Manifestationen von Sexualität und Destruktivität beobachten können« (Green, 1996, S. 832). Die Metapsychologie der Psychosexualität als Modell, um klinische Phänomene zu verstehen, die andere Modelle nicht erhellen können, ist in den Hintergrund geraten, zugunsten von Beobachtung der Dynamik in der Sitzung.

Es wäre auch zu fragen, ob nicht eine implizite Vorstellung meint, im Hier-und-Jetzt der analytischen Situation mit der erwachsenen

Analysandin bilde sich – bei entsprechender Regression – die damalige frühkindliche (traumatische) Beziehungskonstellation mehr oder weniger getreu dem damaligen Erleben ab. Da diese frühen Erfahrungen aus einem Lebensabschnitt noch von vor einer ödipalen Konstellation stammen, seien sie nicht sexuell. Aber, so meine ich mit Green: »Solche Vorstellungen sind Resultat, wenn man seine Patienten als Babys ansieht« (Green, 1996, S. 834).

Gemäß dem Konzept der Nachträglichkeit werden zunächst nicht sexuell erlebte Situationen, so hatte Freud gemeint, unausweichlich *nachträglich*, im Zuge von psychosexuellen Reifungsschritten und neuerlichen Erfahrungen, sexualisiert. Strenggenommen wäre es freudianisch-metapsychologisch undenkbar, nicht-sexualisierte Anteile im Unbewussten vorzufinden. Auch dies hat Laplanche deutlich herausgestrichen, und ich werde darauf noch zurückkommen.

Das zu verzeichnende Verschwinden von Bezügen auf Sexualität in der zeitgenössischen Psychoanalyse hat nun manche theoretische Probleme wie vom Tisch geräumt, was ein Vorteil zu sein scheint. Ein Beispiel: Der Untergang des Ödipuskomplexes – also die Identifizierung mit dem gleichgeschlechtlichen Elternteil nach dem Verzicht auf den Besitz des gegengeschlechtlichen –, galt (und gilt) als Höhepunkt der infantilen Sexualität und Voraussetzung späterer erwachsener Heterosexualität. Dies ist eine theoretische Position, die die Psychoanalyse in den letzten Jahrzehnten mit der veränderten gesellschaftlichen Sicht auf die gelebte Sexualität in Bedrängnis gebracht hatte. Ganz besonders augenfällig ist dies bei der Bewertung der Homosexualität, die klassisch psychoanalytisch als Regression oder Fixierung an ein Stadium oder an Erlebensweisen aus der Zeit von vor dem Untergang des Ödipuskomplexes angesehen wird, letztlich als Scheitern der ödipalen Rivalität, einhergehend mit einer (invertierten) Identifikation mit dem gegengeschlechtlichen Elternteil (Freud, 1905d, S. 34ff.). Diese Einschätzung wird heute von PsychoanalytikerInnen im Bemühen um ein »politically correct« nur noch leise geäußert, bleibt aber wirkungsvoll, ganz besonders in der institutionellen psychoanalytischen Wirklichkeit – Stichwort: Die Auswahl von KandidatInnen zur Ausbildung (Heenen-Wolff, 2010; Gschwind, 2015).

Die Eskamotierung von Psychosexualität aus der zeitgenössischen

Psychoanalyse hat die metapsychologische Fassung neuer Formen von Sexualität scheinbar überflüssig gemacht; damit ist aber das psychoanalytische Verständnis von Bisexualität, Homosexualität, Travestie und transidentitären Phänomenen erschwert.

In engem Bezug auf die metapsychologischen Beiträge von Jean Laplanche werde ich in den folgenden Kapiteln versuchen, einige psychoanalytische Konzepte zu analysieren und zu dekonstruieren: das klassische Verständnis vom Ödipuskomplex, diesem »Schibboleth« (Freud, 1905d, S. 127) und Dreh- und Angelpunkt für Geschlechtsidentität und Orientierung, sowie die Einschätzung der anatomischen Geschlechtsdifferenz – männlich/weiblich – als Hauptachse des Unbewussten und der Konstruktion von Subjektivität.

Ebenfalls aus wissenschaftstheoretischer Perspektive werde ich die problematische Tatsache herausarbeiten, dass psychoanalytisches Wissen vor allem auf Fallberichten gründet; diese sind aber allenfalls Mutmaßungen über psychisches Geschehen. Die Relativität der Rückschlüsse aus Fallberichten versuche ich am Beispiel der jeweiligen freudianischen und lacanianischen analytischen Techniken deutlich zu machen. Eine interessante Berücksichtigung *beider* klinischer Herangehensweisen scheint mir Laplanches Definition der Position des Analytikers vor dem Hintergrund der »allgemeinen Verführungstheorie« zu sein.

Warum wir es so schwer haben, theoretische Fortschritte über lokale und regionale Grenzen hinaus in die Psychoanalyse zu integrieren, versuche ich mit der besonderen Struktur psychoanalytischer Institutionen in Verbindung zu bringen: Sie sind nicht nur professionelle Vereinigungen und Ausbildungsstätten, vielmehr konstituieren sie auch »Übertragungsfamilien«, die unweigerlich die Regression ihrer Ausbildungsteilnehmer und Mitglieder fördern. Darunter leidet die Psychoanalyse als Wissenschaft.

Noch ein Hinweis: Meine Arbeit ist geschlechterneutral formuliert. Um die Lesbarkeit nicht einzuschränken, verwende ich bei personenbezogenen Bezeichnungen im Singular abwechselnd die männliche und die weibliche Form.

Brüssel, November 2017

1 Dekonstruktion vom Konzept eines universalen Ödipuskomplexes

Die klassische psychoanalytische Theorie ist nicht mehr adäquat, um neue zeitgenössische Formen psychosexueller Realität zu konzeptualisieren und damit zu ihrem metapsychologischen Verständnis beizutragen. Dies ist meine zentrale These.

Indessen, weit mehr als die allgemeine psychologische Forschung verfügt das psychoanalytische Vorgehen dank der großen klinischen Nähe zu individuellen – mitunter außergewöhnlich erscheinenden – Entwicklungsprozessen über das *Potenzial*, psychosexuelle Phänomene zu beobachten und zu beschreiben. Wissenschaftstheoretisch geht es deshalb um die notwendige Klärung dahingehend, wie Erkenntnis und Theorie in der Psychoanalyse entstanden sind und entstehen sollten.

Dazu ist es zunächst notwendig, auf die soziohistorischen Rahmenbedingungen der Freud'schen Entdeckungen zurückzukommen. Seine ganz außergewöhnliche Beobachtungsgabe hatte es Freud ermöglicht, Alltagserfahrungen in der Familie und in anderen zwischenmenschlichen Beziehungen zu analysieren und theoretisch zu erfassen. Ein besonders schönes Beispiel für diese Gabe ist das Werk »Zur Psychopathologie des Alltagslebens« (1901b). Freud zeigt in seiner Studie, dass alltägliche Fehlleistungen wie Versprechen, Vergessen, Verschreiben, Vergreifen, Verlegen von Gegenständen und andere Irrtümer meist Ausdruck unbewusster Logik sind. Diese »Psychopathologie« des Alltagslebens ist keine Entdeckung Freuds; deren analytische Beschreibung begründet aber die Entwicklung der Methode der Psychoanalyse als Verfahren zur Entschlüsselung latenter Bedeutungen eines bekannten, bis dahin aber nicht verstandenen Phänomens.

Dies war und ist auch das klinische Vorgehen der Psychoanalyse: der Einzelfall wird beobachtet, die latenten psychischen Prozesse werden analysiert. Solche Analyse erlaubt dann die Konstruktion von Hypothesen, Konzepten, manchmal gar die einer Theorie. Im Fall Dora ging es um den Zusammenhang zwischen Traum und Hysterie, der »Rattenmann« diente zur Konzeptualisierung der Zwangsneurose; die Rolle der Homosexualität in der Genese der Paranoia war zentral in der Analyse von Schrebers Tagebuch. Im Fallbericht vom »Wolfsmann« ging es um dessen – von Freud angenommene – Beobachtung von Geschlechtsverkehr im Alter von eineinhalb Jahren und deren traumatische, durch einen Traum ausgelöste Wirkmächtigkeit im Nachhinein, als der Patient vier Jahre alt war. Dies bestätigte das Konzept der Nachträglichkeit.

Bei der Beobachtung und Beschreibung des berühmten Ödipuskomplexes rekurrierte Freud, wie auch später in der »Traumdeutung« (1900a), unter anderem auf seine Selbstanalyse: »Ich habe die Verliebtheit in die Mutter und die Eifersucht gegen den Vater auch bei mir gefunden und halte sie jetzt für ein allgemeines Ereignis früher Kindheit [...]« (Brief an Fliess vom 15. Oktober 1897, in: Freud, 1985c).

Freud schrieb diese Zeilen gegen Ende des 19. Jahrhunderts. Einstein hatte seine Relativitätstheorie noch nicht entworfen. Konstruktivismus, narrative Identität, die Berücksichtigung des Einflusses von Forscher und Forschungsprotokoll auf das Forschungsergebnis, die Einsicht in die soziohistorische Determiniertheit gesellschaftlicher und psychosozialer Wirklichkeit, dies alles sind wissenschaftstheoretische Paradigmen, die erst viele Jahrzehnte später entstehen werden. Freud erschien der Ödipuskomplex dagegen noch wie ein Phänomen »äußerer Natur«, geradezu ein (sexuelles) Naturgesetz, der »Kernkomplex einer jeden Neurose« (1910a, S. 50), verankert in der »archaischen Erbschaft des Menschen« (1912–13a, S. 160), die »nicht nur Dispositionen, sondern auch Inhalte umfasst, Erinnerungsspuren an das Erleben früherer Generationen« (Freud, 1939a, S. 206). Deshalb machte er den Ödipuskomplex zum »Schibboleth« der Psychoanalyse (Freud, 1920a, S. 127). Erinnern wir uns: Die Entdeckung des Geschlechtsunterschiedes führe das Kind dazu, den gegengeschlechtlichen Elternteil zu begehren, mit dem gleichgeschlechtlichen zu rivalisieren, um sich schließlich, infolge von Kastrationsangst bzw. Penisneid und dessen Überwindung, mit diesem zu identifizieren. Da diese Prozesse nach Freuds Auffassung phylogenetisch vererbt sind, hätten sie strukturellen Charakter, d. h. sie ereigneten sich unabhängig von den realen Interaktionen mit den anwesenden Eltern oder anderen Erwachsenen.

Nun ist es ohne Zweifel so, dass die Entdeckung des Geschlechtsunterschieds und die Fantasien um das Wie von Zeugung und Geburt (»Urszene«) eine zentrale Erfahrung im Werden eines jeden Menschenkindes darstellt. In der Kleinfamilie lässt sich der »Ödipuskomplex« heute so wie vor mehr als hundert Jahren meist mühelos ausmachen. Allerdings lassen sich auch noch viele andere Dynamiken beobachten, die nicht im klassischen »Ödipuskomplex« aufgehen. Darauf hatte Freud höchstpersönlich aufmerksam gemacht, und zwar in einer viel zu wenig – auch von ihm selbst – beachteten *Revision* seines eigenen Konzepts im Jahre 1923:

> »Der Ausgang der Ödipussituation in Vater- oder in Mutteridentifizierung scheint [...] bei beiden Geschlechtern von der relativen Stärke der beiden Geschlechtsanlagen abzuhängen. Dies ist die eine Art, wie sich die Bisexualität in die Schicksale des Ödipuskomplexes einmengt. Die andere ist noch bedeutsamer. Man gewinnt nämlich den Eindruck, *dass der einfache Ödipuskomplex überhaupt nicht das häufigste ist, sondern einer Vereinfachung oder Schematisierung entspricht,* die allerdings oft genug praktisch gerechtfertigt bleibt. Eingehendere Untersuchung deckt zumeist den *vollständigeren* Ödipuskomplex auf, der ein zweifacher ist, ein positiver und ein negativer, abhängig von der ursprünglichen Bisexualität des Kindes, d. h. der Knabe hat nicht nur eine ambivalente Einstellung zum Vater und eine zärtliche Objektwahl für die Mutter, sondern er benimmt sich auch gleichzeitig wie ein Mädchen, er zeigt die zärtliche feminine Einstellung zum Vater und die ihr entsprechende eifersüchtig-feindselige gegen die Mutter. Dieses Eingreifen der Bisexualität macht es so schwer, die Verhältnisse der primitiven Objektwahlen und Identifizierungen zu durchschauen und noch schwieriger, sie fachlich zu beschreiben. Es könnte auch sein, dass die im Elternverhältnis konstatierte Ambivalenz durchaus auf die Bisexualität zu beziehen wäre *und nicht, wie ich es vorhin dargestellt,*

durch die Rivalitätseinstellung aus der Identifizierung entwickelt würde« (Freud, 1923b, S. 261, eigene Hervorhebungen).

Der »vollständige« Ödipuskomplex würde sich also dadurch auszeichnen, dass sich jenseits von sogenanntem »positiven« und »negativen« Ödipus eine »ganze Reihe gemischter Fälle feststellen [lassen], bei denen die beiden Formen in einer dialektischen Beziehung koexistieren« (Laplanche & Pontalis, 1967, S. 352).

Wenn es eine »ganze Reihe« gemischter Fälle gibt, es vielleicht *überhaupt nur* gemischte Fälle gibt, darf man sich fragen, ob wir hier nicht die ersten Anzeichen dafür sehen, dass das Konzept vom Ödipuskomplex nicht (mehr) funktional ist: Der »vollständige« Ödipuskomplex ist ein »Passepartout«, er

> »eröffnet allen Schattierungen von Heterosexualität mit homosexuellen und lesbischen Neigungen den Weg, lässt auch Bisexualität und Ambivalenz verständlich scheinen, kann mit der einfachen positiven Lösung des Komplexes die Heterosexualität, mit der Inversionslösung das ganze Spektrum der Homosexualität abdecken« (Le Soldat, 2015, S. 112).

Wenn das Konzept vom Ödipuskomplex *alle* sexuellen Identifizierungen und Orientierungen abdeckt, dann hat er keine differenzielle Wertigkeit mehr.

Freud hatte eingestandenermaßen sein Konzept vor dem Hintergrund seiner eigenen infantilen Theorien entwickelt, wie wir in seinem Brief an Fliess lesen konnten. In der traditionellen Kleinfamilie, so wie in seiner eigenen, waren typische, »normale« (»positive«) ödipale Konstellationen eindeutig sehr verbreitet. Aber trifft dies auch auf die gegenwärtige Sozialisationswelt zu? Die vergleichsweise weniger starr gewordenen Geschlechterrollen und auch die neuen familiären Konstellationen können den klassischen Ödipus nicht unangetastet gelassen haben. Jedenfalls vollzieht sich die Verarbeitung des Geschlechtsunterschieds bei Kindern, die mit alleinerziehenden Eltern oder mit gleichgeschlechtlichen Eltern groß werden, auf anderen Wegen als in der traditionellen Kleinfamilie, allerdings ganz offensichtlich ohne dass es zu spezifischen Entwicklungsstörungen käme (Heenen-Wolff, 2000; Heenen-Wolff & Moget 2015; Mikolajczak & Baruffol, 2010).

Dies kann aber kein Argument für die These eines archaischen universellen, phylogenetisch übermittelten Ödipuskomplexes sein, denn wir wissen inzwischen, dass sich die DNA-Struktur durch seelische »Inhalte« (Freud, 1939a, S. 206) nicht verändert (Zepf et al., 2014, S. 34).

> »Das Phylogenetische: das ist für Freud die Theorie der ›Urphantasien‹: Kastration, Beobachtung des elterlichen Geschlechtsverkehrs (Urszene), Verführung etc. Und das sind auch die großen prähistorisch-phantasmatischen Hypothesen der beiden Werke *Totem und Tabu* und *Moses und der Monotheismus.* Diese Texte führen die phylogenetische These mit der Behauptung einer genetischen Einschreibung von Vatermord, d. h. vom Ödipuskomplex, bis in ihr Extrem. […] Mit dem Triumph von Darwinismus und dem modernen Neo-Darwinismus ist es aber nicht vorstellbar, dass eine prähistorische Szene, die, selbst wenn sie sich immer wieder ereignet hat, sich schlussendlich in Form einer Phantasie eingeschrieben hätte und vererbt würde« (Laplanche, 1992, S. 128).

Es gibt keinerlei Hinweise darauf, dass es eine genetische Übermittlung von Fantasien gäbe, und dies sollte genügen, um das Konzept von phylogenetischer Übermittlung – nichts Anderes als »angeboren« – aus der psychoanalytischen Metapsychologie zu verbannen (André, 1995).

Vor dem Hintergrund dieser Tatsachen müssen wir zweifellos unsere Aufmerksamkeit auf die in der zeitgenössischen Psychoanalyse wesentlich stärker berücksichtigten intersubjektiven Faktoren in der Entwicklung des Menschenkindes richten.

Es sei vorweggenommen, dass, wie so oft, die Dinge bei Freud bereits angelegt waren. So unterstreicht er beispielsweise den Beitrag der Pflegepersonen für die Ausbildung der psychosexuellen Identität. »Die ›Zärtlichkeit‹ der Eltern und Pflegepersonen, die ihren erotischen Charakter selten verleugnet (›das Kind ein erotisches Spielzeug‹), tut sehr viel dazu, die Beiträge der Erotik zu den Besetzungen der Ichtriebe beim Kinde zu erhöhen« (Freud

1910a, S. 80). Und es sei die Besetzung des Kindes seitens der Pflegepersonen, die den Ödipuskomplex und dessen Ausgang orientiere:

> »Ein natürlicher [sic!] Zug sorgt dafür, dass der Mann die kleinen Töchter verzärtelt, die Frau den Söhnen die Stange hält […]. Das Kind bemerkt die Bevorzugung sehr wohl und lehnt sich gegen den Teil des Elternpaares auf, der sich ihr widersetzt. Liebe bei dem Erwachsenen zu finden, ist ihm nicht nur die Befriedigung eines besonderen Bedürfnisses, sondern bedeutet auch, dass in allen anderen Stücken seinem Willen nachgegeben wird. So folgt es dem eigenen sexuellen Triebe und *erneuert gleichzeitig* die von den Eltern ausgehende Anregung, wenn es seine Wahl zwischen den Eltern *im gleichen Sinne wie diese* trifft« (Freud, 1900a, S. 264, eigene Hervorhebung).

Wir sehen hier die Idee, dass die Eltern das Kind je nach seinem Geschlecht spezifisch besetzen; das Kind nimmt diese »Anregung« auf und besetzt vor diesem Hintergrund wiederum die »ödipalen« Eltern. Fünfzehn Jahre später ist Freud ebenso eindeutig:

> »Versäumen wir nicht hinzuzufügen, dass häufig die Eltern selbst *einen entscheidenden Einfluss auf die Erweckung* der *Ödipuseinstellung* des Kindes üben, indem sie selbst der geschlechtlichen Anziehung [sic!][3] folgen, und wo mehrere Kinder sind, in der deutlichsten Weise der Vater das Töchterchen und die Mutter den Sohn in ihrer Zärtlichkeit bevorzugen« (Freud, 1916–1917a, S. 345f., eigene Hervorhebung).

Wie Zepf und Kollegen zutreffend anmerken:

> »Beim ersten Hinsehen lassen diese Formulierungen vermuten, dass Freud bei der Entstehung des Ödipuskomplexes der Kinder

3 Es sei angemerkt, dass Freud hier die »geschlechtliche Anziehung« nicht herleitet, obwohl er selbst schrieb: »Im Sinne der Psychoanalyse ist also auch das ausschließliche sexuelle Interesse des Mannes für das Weib ein der Aufklärung bedürftiges Problem und keine Selbstverständlichkeit, der eine im Grunde chemische Anziehung zu unterlegen ist« (Freud, 1905, Fußnote aus dem Jahre 1915, S. 44).

> den verführerischen Tendenzen der Eltern eine wichtige Rolle beimisst. Da angesichts der von ihm angenommenen Allgemeinheit des Komplexes auch den Eltern eine unbewusste, eigene ödipale Problematik zu unterstellen ist, scheint es naheliegend, dass der Ödipuskomplex des Kindes aus einer unbewussten Inszenierung der Eltern erwächst. Genau dies ist aber Freuds Auffassung nicht« (Zepf et al., 2014, S. 28f.).

So wie die Erotisierung des Kindes seitens der Pflegepersonen wird auch die Orientierung des ödipalen Konflikts *durch* die Eltern von Freud nur erwähnt, nicht aber konzeptualisiert. Und wie wir gesehen haben, bleibt auch die »Revision« des »einfachen« Ödipuskomplexes bei Freud ohne Auswirkungen auf die psychoanalytische Anthropologie. Dies wird zu einer Normativität psychoanalytischer Theorie beitragen, die seit vielen Jahrzehnten von Angehörigen anderer Disziplinen kritisiert wird (u. a. Devereux, 1953; Millet, 1970; Laqueur, 1990; Eribon, 2005). Stichwort: der »positive« Ödipuskomplex mit akzentuierter libidinöser Besetzung des gegengeschlechtlichen Elternteils und (infolge von Kastrationsangst sowie Penis- und schließlich Kinderwunsch) dessen Niedergang durch Identifizierung auf der einen Seite; der »negative« Ödipuskomplex auf der anderen, der wegen persistierender Besetzung des gleichgeschlechtlichen Elternteils die sexuelle Reifung (in Richtung Heterosexualität) behindert (»Inversion«, Freud, 1905d).

Ob positiv oder negativ – seine Existenz sei, so Freud, angeboren, phylogenetisch verankert, lasse sich »nicht auf eine reale Situation reduzieren«, nicht »auf die effektive Einwirkung des Elternpaares auf das Kind« (Laplanche & Pontalis, 1967, S. 355). Bereits 1953 hatte Devereux gegen diese Auffassung Freuds kritisch eingewendet, der Ödipuskomplex »appears to be a consequence of the child's sensitiveness to its parent's (unconscious) sexual and agressive impulses« (Devereux, 1953, S. 139). Diese Beobachtung ist erst Jahrzehnte später innerhalb der Psychoanalyse fruchtbar geworden und hat die normativen Implikationen der psychoanalytischen Theorie sichtbarer werden lassen (Böllinger, 2015; Gschwind, 2015; Heenen-Wolff, 2015a).

Die anthropologische Grundsituation (Jean Laplanche)

Das metapsychologische Inventarium zu einer genuin innerpsychoanalytischen Kritik hat der französische Psychoanalytiker Jean Laplanche mit seinen *Neuen Grundlagen* der Psychoanalyse zur Verfügung gestellt. Nach seiner sorgfältigen Suche nach den Widersprüchen innerhalb des Freud'schen Werkes entstand nicht nur das (gemeinsam mit Jean-Bertrand Pontalis verfasste) 1967 veröffentlichte unersetzliche *Vokabular der Psychoanalyse*, vielmehr diskutierte er in den darauffolgenden Jahren in seinen Vorlesungen kritisch zentrale Grundbegriffe der Psychoanalyse *(Problématiques I–VII)* (Hock, 2016), um schließlich einige von Freud nur beiläufig notierte Beobachtungen zu metapsychologischen Konzepten weiter zu entwickeln. Stichwort: Die »allgemeine Verführung« in einer »anthropologischen Grundsituation«.

Laplanches »Neue Grundlagen der Psychoanalyse« haben den überragenden Verdienst, die Bedeutung der infantilen Sexualität für die Konstitution des Unbewussten, das unbewusste Geschehen und die psychoanalytische Theoriebildung in den Mittelpunkt der Aufmerksamkeit zu rücken und gleichzeitig auf überraschende Weise über Freud hinauszugehen.

Freud hatte gemeint, die infantile Sexualität lehne sich an physiologische Vorgänge an: Das Stillerlebnis wird durch das damit verbundene Befriedigungserlebnis zum vergnüglichen Ludeln, der Übergang zu fester Nahrung und die damit einhergehende Formung der Kotsäule führt zur Analerotik, und so weiter. Dem widerspricht Laplanche: Das Kind werde nicht als sexuelles Wesen mit einer Triebausstattung geboren, vielmehr werde die Sexualität vom Erwachsenen in das Kind implantiert. Die infantile Sexualität entwickele sich in Antwort auf einen rätselhaften Anderen – der Erwachsene –, der Botschaften aussendet, die von dessen Unbewusstem unterwandert sind, »kompromittiert«, wie Laplanche sagt: Da der Erwachsene ein sexuelles Unbewusstes hat, sind seine scheinbar harmlosen Borschaften – das heißt: Äußerungen, Gesten, Verbote, bewusste und vorbewusste Gedanken in Bezug auf das Kind – unweigerlich unterwandert von sexuellen Fantasien. Laplanche nimmt hier auf, was Freud bereits 1905 schrieb, nämlich, dass wir »zugestehen« müssen, »dass auch das kindliche Sexualleben, bei allem Überwiegen der Herrschaft erogener Zonen, Komponenten zeigt, für welche andere Personen als Sexualobjekte von Anfang an in Betracht kommen« (Freud, 1905d, S. 92). Auch hatte er die Mutter als »erste Verführerin« des Kindes bezeichnet. Laplanche hat diese Einsicht konsequent weiterentwickelt.

Das Kind ist diesen »rätselhaften«, das Körpergeschehen und Erleben sexualisierenden Botschaften ausgesetzt. Es kann sie zum Teil für sich »übersetzen«, zum Teil aber auch nicht. Diese unübersetzten Teile sind die Bausteine des sich konstituierenden Unbewussten. Laplanche sieht eine unausweichliche »allgemeine Verführung« durch die Asymmetrie zwischen Erwachsenem und Kind, dies ist die »fundamentale anthropologische Situation«. Sie findet sich in jeder Kultur, gleichgültig, ob das Kind mit Vater und Mutter oder mit anderen Erwachsenen aufwächst. In diesem Sinn ist die anthropologische Grundsituation universell.

> »Die Anthropologische Grundsituation stellt in einem symmetrischen/asymmetrischen Dialog einen Erwachsenen, der ein sexuelles (wesentlich prägenitales) Unbewusstes besitzt, und ein Infans, das noch kein Unbewusstes und auch nicht den Gegensatz unbewusst/vorbewusst ausgebildet hat, gegenüber. Das sexuelle Unbewusste des Erwachsenen wird in der Beziehung zum Kleinkind, zum Infans, reaktiviert. Die Botschaften des Erwachsenen sind vorbewusst-bewusste Botschaften, sie sind notwendigerweise ›*kompromisshaft gebildet*‹ (im Sinne einer Wiederkehr des Verdrängten) durch die Präsenz des unbewussten ›Störgeräusch‹. Diese Botschaften sind folglich *rätselhaft*, sowohl für den Sender, den Erwachsenen, als auch für den Empfänger, das Infans« (Laplanche, 2004, S. 901).

Das *Infans* ist hier nach eigenen »Übersetzungen« dieser »Rätsel« gefragt; eine psychische Arbeitsanforderung, vom Erwachsenen kommend, geht dem eigenen Wünschen voraus.

Sicher, auch Laplanche geht von einer »somatischen Reaktivität« aus, einer »allgemeinen organischen Erregbarkeit« (Laplanche, 2000a, S. 80), die noch vor jeder Verführung existiere, aber er schreibt konsequent: »die Verführung ist die Wahrheit der Anlehnung« (ebd., S. 78, eigene Übersetzung). So versteht Laplanche die verschiedenen psychosexuellen Phasen – oder »Pole«, wie er sagt, um die mögliche Gleichzeitigkeit dieser Geschehen zu unterstreichen – als Vorherrschaft bestimmter, eben oral, anal oder genital geprägter Übersetzungsmuster; und hier kommt der biologische Reifungsprozess ins Spiel. Wenn das Kind ab einem bestimmten Alter das Ausscheiden der Fäkalien bewusster wahrnimmt, kann es entsprechende Übersetzungscodes ausbilden, allerdings, so Laplanche, vor dem Hintergrund der sexuellen Bedeutung – rätselhaft für das Kind –, die der Erwachsene-Andere diesen Vorgängen beimisst.

Die Allgemeine Verführungstheorie ist ohne Zweifel der »nuancierteste Ansatz« (Hock, 2016), um das intersubjektive Paradigma in der Psychoanalyse mit der Triebtheorie zu verbinden und so zu einer »intersubjektiven Triebtheorie« zu gelangen. Fügen wir hinzu, dass uns die Allgemeine Verführungstheorie ermöglicht, bewusste und unbewusste Interaktionen zwischen Erwachsenen und Kindern mit wesentlich weniger eingrenzenden normativen Vorauffassungen zu untersuchen. Dies gilt sogar für die direkte Beobachtung von Interaktionen zwischen Eltern und Säuglingen (Salomonsson, 2013).

Laplanche zufolge wäre ein »Ödipuskomplex« nicht denkbar ohne das Einwirken der Erwachsenen und deren »rätselhafte« Botschaften – so wie Freud es angedeutet, aber nicht zu Ende gedacht hatte. Wenn die ödipale Konstellation intersubjektiv verankert ist, dann wäre sie weder durch Erbgut zu erklären noch würde sie eine gegebene unbewusste Struktur darstellen.

> »Dass die Struktur (Ödipus, Inzest, Kastration) allgemein verbreitet sein soll, impliziert keineswegs, dass man sie von einem metapsychologischen Standpunkt aus im Unbewussten ansiedeln muss. Sie gehört dem Bereich des Vorbewussten an und hat die Aufgabe, mitzuhelfen, die bewusste, vorbewusste und unbewusste Geschichte des Subjekts […] in die Form einer Erzählung zu bringen« (Laplanche, 2009, S. 529).

Die »ödipale« Besetzung des gegengeschlechtlichen Elternteils und die Rivalität mit dem gleichgeschlechtlichen ist auf bewusste und unbewusste Prozesse aller Beteiligten zurückzuführen. Eine solche Einsicht erlaubt ein neues Verständnis der Konstruktion von sexueller Identität und sexueller Orientierung/Objektwahl, da sie deren kulturelle und intersubjektive Determiniertheit berücksichtigt.

Zeitgenössische Familienkonstellationen, wie alleinerziehende Eltern, Patchworkfamilien, Elternpaare mit gleichem Geschlecht, sowie das zunehmende Auseinanderdividieren von Sexualität und Fortpflanzung, mischen den traditionellen Ödipuskomplex auf. Wenn dieser, wie Laplanche nahelegt, als eine zeitlich begrenzte kulturelle, universelle und dominante Meta-Erzählung, die unser Fantasieleben nur vorübergehend ordnet und unbewusste und vorbewusste Fantasien orientiert, verstanden werden muss, dann kann davon ausgegangen werden, dass auch andere »Erzählungen« strukturierende Funktion haben können.

Die Narrationen sind variabler geworden. Diese »Permissivität« bringt weniger Druck zur Verdrängung mit sich, etwa die der ursprünglichen Bisexualität. Darunter verstand Freud die Gemeinschaft von aktiven und passiven Triebzielen, von »männlichen« und »weiblichen« Identifizierungen, sowie die Fähigkeit, Männer und Frauen gleichzeitig begehren zu können. »In der regelmäßigen Gemeinsamkeit solcher ›aktiver‹ und ›passiver‹ Triebe im Seelenleben spiegelt sich die Bisexualität der Individuen, welche zu den klinischen Voraussetzungen der Psychoanalyse gehört« (Freud, 1913i, S. 411).

Indessen ist die in der Psychoanalyse immer wieder anzutreffende Gleichsetzung von weiblich=passiv und männlich=aktiv Einfallstor für normativ orientiertes Denken innerhalb von Theorie und Praxis. Die klassische Psychoanalyse sieht den anatomischen Geschlechtsunterschied, Weiblichkeit und Männlichkeit, als zentrale Achse im Unbewussten, um die sich »Ur«-Fantasien gruppieren: »Urszene«, »Ödipuskomplex«, »gewachsener Fels«, »Ablehnung der Weiblichkeit«, »Penisneid«. Die historische Forschung zur Sexualität hat nun aber die Konstruktion bzw. das »Making« oder die »Fabrikation« (Laqueur[4]) von Geschlecht entsprechend

---

4 In der deutschen Übersetzung des amerikanischen Buchtitels heißt es »Inszenierung der Geschlechter«, was den Sinn von »making« nichtzutreffend wiedergibt.

dem jeweiligen soziokulturellen Umfeld nachgewiesen, und dies kann die Psychoanalyse nicht gleichgültig lassen. Freud hatte gemeint: In der prägenitalen Phase »finden wir den Gegensatz von Strebungen mit aktivem und passivem Ziel, der sich späterhin mit dem Gegensatz der Geschlechter verlöten wird« (Freud, 1913i, S. 448). Wie wollen wir diese »Verlötung« denken? So wie wir dies in der Psychoanalyse seit hundert Jahren tun, d. h. »weiblich« ist die Besetzung von passiven Triebzielen, »männlich« die von aktiven? Wir haben mit dieser essenzialistischen Auffassung des Geschlechtsunterschieds alles, was sich diesem dogmatischen Dualismus nicht fügt, als krank angesehen (Eribon, 2005; Roughton, 2002; Gschwind, 2015).

Sex und Gender

In einer 1915 hinzugefügten Fußnote in den »Drei Abhandlungen« heißt es bei Freud:

> »Es ist unerlässlich, sich klar zu machen, dass die Begriffe ›männlich‹ und ›weiblich‹, deren Inhalt der gewöhnlichen Meinung so unzweideutig erscheint, in der Wissenschaft zu den verworrensten gehören und nach mindestens drei Richtungen zu zerlegen sind. Man gebraucht männlich und weiblich bald im Sinne von Aktivität und Passivität, bald im biologischen und dann auch im soziologischen Sinne. Die erste dieser drei Bedeutungen ist die wesentliche und die in der Psychoanalyse zumeist verwertbare. Ihr entspricht es, wenn die Libido oben im Text als männlich bezeichnet wird, denn der Trieb ist immer aktiv, auch wo er sich ein passives Ziel gesetzt hat. Die zweite, biologische Bedeutung von männlich und weiblich ist die, welche die klarste Bestimmung zulässt. Männlich und weiblich sind hier durch die Anwesenheit der Samen, respektive Eizelle und durch die von ihnen ausgehenden Funktionen charakterisiert. Die Aktivität und ihre Nebenäußerungen, stärkere Muskelentwicklung, Aggression, größere Intensität der Libido, sind in der Regel mit der biologischen Männlichkeit verlötet, aber nicht notwendigerweise verknüpft, denn es gibt Tiergattungen, bei denen diese Eigenschaften

> vielmehr dem Weibchen zugeteilt sind. Die dritte, soziologische Bedeutung erhält ihren Inhalt durch die Beobachtung der wirklich existierenden männlichen und weiblichen Individuen. Diese ergibt für den Menschen, dass weder im psychologischen noch im biologischen Sinne eine reine Männlichkeit oder Weiblichkeit gefunden wird. Jede Einzelperson weist vielmehr eine Vermengung ihres biologischen Geschlechtscharakters mit biologischen Zügen des anderen Geschlechts und eine Vereinigung von Aktivität und Passivität auf, sowohl insofern diese psychischen Charakterzüge von den biologischen abhängen als auch insoweit sie unabhängig von ihnen sind« (Freud, 1905, S. 121).

Freud war mehr oder weniger deutlich, sich in den Fallstricken von »männlich« und »weiblich«, von »aktiv« und »passiv« verfangen zu haben. Wie beim (revidierten) »vollständigen« Ödipuskomplex werden die Definitionen deshalb immer vager und so zu einem *Passepartout* ohne ausreichend differenzielle Funktion.

Das, was wir aus soziologischer Perspektive als »weiblich« oder »männlich« ansehen, bestimmt sich kulturell und wird dem Kind durch die bewussten (rosa und hellblau, die erste Frage ist immer: ist es ein Junge oder ein Mädchen?) und unbewussten Botschaften des Erwachsenen übermittelt. Der Begriff von »Gender« verweist auf die Tatsache, dass es einer ganzen Reihe von Überzeugungen bedarf, um sich einer der beiden sozialen Gruppen, die als »feminin« und »maskulin« definiert sind, zugehörig zu fühlen, und auch die »Überzeugung, dass die Zuordnung zu einer dieser Gruppen angemessen war« (Dejours, 2003, S. 64, eigene Übersetzung).

Jeder soziologische, soziale oder politische Versuch, an dieser vorbewussten/unbewussten Zuordnung etwas zu ändern, ist kompromittiert: Wer beispielsweise einen gefühlsbetonten Jungen haben möchte und seine Erziehung in diesem Sinne orientiert, übermittelt dennoch unbewusst, durch Gegenbesetzung, die mehr oder weniger unbewussten Vorstellungen davon, was er oder sie ansonsten von »Männern« denkt.

Inwieweit beruht ein »Gendering« auf einer Botschaft, vor allem einer rätselhaften Botschaft? Einem Kind zu bedeuten, dass es ein Junge oder ein Mädchen ist, scheint eine natürliche Angelegenheit zu sein. Aber was heißt: »Du bist ein Junge«, für den Erwachsenen, der dies dem Kind bedeutet? Je weniger rigide die jeweiligen Codes sind, desto unbestimmter wird eine solche Zuordnung sein. Wenn ein Erwachsener seinem Kind sagt: »Du bist ein Mädchen«, so vermittelt er gleichzeitig all das, was er von Mädchen und von Jungen denkt, aber auch die Zweifel hinsichtlich dessen, was die Geschlechtsidentität ausmacht. Die Zuordnung ist weit mehr als eine einfache Bestimmung des biologischen Geschlechts und der damit einhergehenden sozialen Determinierung. Die Zuordnung erfolgt im Sinne einer Botschaft, die vom Unbewussten des Erwachsenen »kompromittiert« ist, wie Laplanche es formuliert. Und die sogenannte Gender-Identität geht der Entdeckung des Geschlechtsunterschieds und der Identifizierung mit dem eigenen biologischen Geschlecht voraus (Laplanche, 2002).

Das Konzept von »identifiziert werden *als*« ändert den Vektor von »Identifizierung«, wie dieser traditionell in der Psychoanalyse gesehen wird, vollständig: Statt einer Identifikation *mit* einem Elternteil oder den Eltern entstehe Geschlechtsidentität aus der Identifizierung *durch* die Eltern. Im Unterschied zu Stollers Konzept allerdings mit einem aktiven Übersetzer – dem Kind (Laplanche, 2003, S. 168): Die rätselhaften Botschaften gelangen nicht als solche in die Psyche des Kindes. Das Kind ist deren aktiver Empfänger, aber die Codes, die eine Übersetzung möglich machen, stehen dem Kind erst allmählich zur Verfügung. Und doch muss es mit der Einwirkung rätselhafter Botschaften umgehen und sich sozusagen »einen Reim darauf machen«, der immer nur zum Teil zutreffend sein wird. »Zuordnung« ist eine komplexe Mischung aus Gesten, Signifikanten und Haltungen der Umwelt. »Man kann von einer wirklichen Zuordnung oder einer genuinen *Verschreibung* sprechen« (ebd., S. 167).

Nicht eine nebulöse Identifizierung mit dem Vater einer Urhorde sollte in der psychoanalytischen Metapsychologie als *primäre* Identifizierung angesehen werden, vielmehr besteht diese in einem: *Vom-Anderen (Erwachsenen)-identifiziert-Werden-Als.*

Dieses *Identifiziertwerden* geht der Entdeckung des eigenen Geschlechts und des Geschlechts*unterschieds* seitens des Kindes voraus. In diesem Sinne stellt Laplanche fest, dass »gender der

Sexualiatät in der Entwicklung vorausgeht und diese organisiert, nicht umgekehrt« (ebd., S. 169). Aber auch wenn *Gender* der Sexualität vorausgeht, so wird Gender seinerseits von der Sexualität organisiert werden.

Wir sehen diesen Vektor:

1 das »Gendering« (im Sinne einer Identifizierung des Kindes *als*) durch die Erwachsenen;
dann:

2 die Entdeckung des eigenen Geschlechts und des sexuellen Unterschieds durch das Kleinkind;
dann:

3 der Geschlechtsunterschied als Organisator von Gender, d. h. die Entwicklung von spezifischeren Fantasien in Bezug zu den Körperrealitäten.

Mit anderen Worten: *Erst in einem dritten Schritt* wird das Kleinkind das erlebte *Identifiziert-Werden-Als* vor dem Hintergrund der Differenz von männlich/weiblich organisieren. Als Ergebnis: es gibt die anatomische Wirklichkeit; Gender dagegen ist, was die Subjekte vor dem Hintergrund von rätselhaften Botschaften und deren Übersetzung daraus machen (werden). Und was der anatomischen Wirklichkeit vorausgeht, ist, dass eine ganze Zeit im frühen Leben des Subjekts verstreicht, in der es als Junge oder Mädchen besetzt wird, Geschlechtszugehörigkeit und -unterschied aber noch nicht erkannt sind. Das anatomische Geschlecht ist den Genderidentifizierungen *sekundär*.

Die Entdeckung des anatomischen Geschlechtsunterschieds zwingt das Kind dann in einem dritten Schritt, die Bedeutung von Zuweisungen gemäß dem binären Code der phallischen Logik zu interpretieren, bzw. zu übersetzen: Anwesenheit/Abwesenheit (Penis), +/–, 1/0. Solche Interpretation/Übersetzung bringt (notwendige) Verdrängung/Unterdrückung/Abspaltung mit sich und bahnt den Weg zur weiterführenden Symbolisierung vom noch potenziell polymorphen Gender (Laplanche, 2003, S. 173). Hier wäre die »Verlötung« anzusiedeln.

An dieser präzisen *Schnittstelle zwischen Polymorphie und anatomischer Dualität* können wir die Öffnung hin zu einer ganzen

Bandbreite potenzieller späterer Identifizierungen und Orientierungen ausmachen, zum Beispiel: Identifizierung mit dem eigenen anatomischen Geschlecht – oder eben nicht (ganz), heterosexuelle Orientierung – oder eben nicht (ganz).

Die Polymorphie von Identifizierungen und Orientierungen des Erwachsenen kann uns kaum überraschen; die Übersetzungen des Kindes an dieser Schnittstelle können äußerst vielfältig sein. Das Mädchen denkt vielleicht: »wie schön ist/wäre es, Mama wie ein Junge zu lieben«; »wie gut ist/wäre es, ein Mann so wie mein Vater zu sein«. Der Junge mag denken: »wie schön ist/wäre es, ein Mädchen zu sein und meiner Mutter zu ähneln«; »wie wunderbar ist/wäre es, von Vater und Mutter als ein Mädchen geliebt zu werden«. Transidentitäre Phänomene könnten aus solchen Erlebnisweisen entstehen.

Die Einsicht, dass der anatomische Unterschied sekundär zu polymorphem Gender ist, unterscheidet sich erheblich von den meisten psychoanalytischen Ansätzen, wo Sexualität und das sexuelle Unbewusste überhaupt eng mit dem Geschlechtsunterschied verknüpft sind, der darüber hinaus als für die menschliche Psyche strukturell angesehen wird. Im Gegensatz dazu besteht Laplanche auf dem kontingenten und illusorischen Charakter des anatomischen Geschlechtsunterschiedes und dem entsprechenden »Kastrationskomplex«.

Solche Fantasien sind nicht Teil des sexuellen Unbewussten; sie sind Codes der Übersetzung, die durch die familiäre Umgebung und allgemeiner durch Kultur und Gesellschaft zur Disposition des Kindes gestellt werden. Laplanche warnt vor der Gefahr, sie »in den Rang eines großen, universellen Bedeutungsgebers (»signifier« im Original) von Anwesenheit/Abwesenheit zu heben« (ebd., S. 173, eigene Übersetzung). Er zweifelt an einer Universalität des Kastrationskomplexes in seinem starren und logischen Kontrast von »phallisch/kastriert«. Warum sollte es nicht genuine Symbolisierung geben, die flexibler, vielfältiger, ambivalenter ist?

Polymorphie und Anatomie

Freud hatte bereits gemeint, dass die infantile, polymorphe, noch nicht klar orientierte Sexualität jeder dual organisierten Geschlechtsidentität vorausgehe, ebenso der weiblichen und männlichen genitalen Sexualität, den Identifizierungen als Frau und als Mann. Gleichzeitig rekurrierte er jedoch mit seiner Idee des »gewachsenen Fels« (Freud, 1937c, S. 99) im Rahmen der – eigentlich kulturell und intersubjektiv determinierten – Geschlechtsidentität auf die Biologie, die Natur. »Für das Psychische spielt das Biologische wirklich die Rolle des zugrundeliegenden gewachsenen Felsens. Die Ablehnung der Weiblichkeit kann ja nichts anderes sein als eine biologische Tatsache, ein Stück jenes großen Rätsels der Geschlechtlichkeit« (ebd.). Hier ist aber geboten, zwischen einerseits den vorhandenen bewussten und unbewussten Fantasien bezüglich des Geschlechtsunterschieds und andererseits deren essenzialistischer Theoretisierung (»gewachsener Fels«) in der Psychoanalyse zu unterscheiden.

Die Argumentation für eine essenzialistische Theoretisierung bezieht sich auf die Leiblichkeit und das Körperich: die Genitalien von Frau und Mann entsprächen nun einmal dem Gegensatz von Aktivität und Passivität (Freud, 1910a; Deutsch, 1944; Schaeffer, 2008). Anatomie ist hier Triebschicksal: Ein Mann kann mit seinem Genital penetrieren, eine Frau kann mit ihrer Vagina penetriert werden. Außerdem sei die Erwartung eines Kindes zentrales Element im psychosexuellen Erleben der Frau. Das hört sich einleuchtend an, und wir sind alle davon »überzeugt«, dass die reife weibliche Sexualität darin bestehe, passiv lustvoll zu erleben und auf ein Kind zu warten. Aber entspricht diese Überzeugung der sexuellen Realität oder mehr den allüberall zirkulierenden Wunschvorstellungen? Und spezifischer psychoanalytisch gefragt: Sind hier nicht vereinfachende infantile Fantasien am Werk, die einst dazu dienten, sich die Urszene, die Beziehungen zwischen den Geschlechtern lustvoll vorzustellen und die jetzt zu Theorie geronnen sind? Hier läge dann aber ein »biologistisches Missverständnis« (Gsell & Zürcher, 2011, S. 700) vor, denn die Psychoanalyse ist eine Theorie des Psychischen, nicht aber der biologischen Ausstattung der Menschen.

Der amerikanische Historiker und Forscher Thomas Laqueur (1990) hat zutreffend festgestellt: »Wenn uns der Strukturalismus etwas lehrt, dann vor allen Dingen, dass die Menschen ihr Gefühl von Gegenteilen (Oppositionen) einer Welt von kontinuierlichen Nuancen der Unterschiede und Ähnlichkeiten überstülpen« (Laqueur, 1990, S. 55). Hier macht die Psychoanalyse, mit ihrer Tendenz zum Dualismus, keine Ausnahme: Eros und Todestrieb, positiver oder negativer Ödipuskomplex, weiblich und männlich. Andere Disziplinen sind in den letzten – poststrukturalistischen – Jahrzehnten zu differenzierteren Anschauungen gelangt.

Ergebnisse anderer Disziplinen

Vor einiger Zeit erfuhr ich von einer neurophysiologischen Untersuchung hinsichtlich der Hirntätigkeit von Eltern von Kleinkindern (Abraham et. al., 2014)[5]. Bis zum Zeitpunkt der Studie war wenig bekannt über die Hirntätigkeit von jungen Vätern, deren Vergleichbarkeit mit dem mütterlichen Gehirn und die jeweiligen spezifischen hirnphysiologischen Reaktionen auf Pflegeerfahrungen.

Die israelischen Forscher untersuchten die Hirntätigkeit in drei verschiedenen Untergruppen von Eltern, die sich um ihr erstgeborenes Kind kümmerten: heterosexuelle primärpflegende Mütter, heterosexuelle sekundärpflegende Väter und primärpflegende homosexuelle Väter, die Säuglinge ohne mütterliche (weibliche) Beteiligung aufziehen. Die Ergebnisse zeigten, dass das Ausüben von Pflegefunktionen zur Ausbildung eines *globalen elterlichen neuronalen Pflege-Netzwerks* im Gehirn führt. Dieses Netzwerk integriert die Abläufe von zwei Subsystemen: die Verarbeitung von Emotionen in den subkortikalen und limbischen Schichten, assoziiert mit Wachsamkeit und Motivation einerseits, sowie Mentalisierungsprozesse im präfrontalen Cortex, die zu sozialem Verständnis und kognitiver Empathie führen, andererseits. Diese Systeme arbeiten in der Folge von konkreten Interaktionen mit dem Baby signifikant enger zusammen und ermöglichen so eine optimale emotionale und perzeptive Abstimmung auf den Säugling. Die Männer, die sich ohne eine Mutter um ihre Kinder kümmerten, wiesen dieselben performativen Hirnvorgänge auf wie die Mütter der ersten Untergruppe, anders aber als die Männer, die

5 Ich verdanke den Hinweis Christina von Braun, Berlin (mündliche Mitteilung).

sich gemeinsam mit der Mutter um die Kinder kümmerten. Bei diesen war der Zusammenschluss der beiden Netzwerke deutlich weniger signifikant.

Mit anderen Worten: Das Hirn von Männern, die sich allein um ihre Kleinkinder kümmern, funktioniert analog dem einer Mutter. Die spezifische Hirntätigkeit des *caregivers* bildet sich aufgrund der konkreten Pflegetätigkeit, das heißt der Interaktion mit dem Säugling, und nicht umgekehrt.

Die Ergebnisse erweisen die gemeinsame neuronale Basis für kinderbetreuende Erwachsene, ob Männer oder Frauen. Das sozusagen »schlechtere« neuronale Abschneiden der Väter mit Mutter an ihrer Seite könnte also auf traditionelles Rollenverhalten zurückgeführt werden, nicht aber auf angeborene Fähigkeiten wie etwa Instinkte bzw. deren Fehlen.

Inwiefern sind solche Forschungsergebnisse für PsychoanalytikerInnen interessant? Ich denke, sie können uns helfen, auch in unserer Theorie, der Metapsychologie, genauer zu fassen, wie sich Weiblichkeit und Männlichkeit in unserer Gesellschaft konstituieren. Die neurophysiologischen Untersuchungsergebnisse können darüber hinaus Freuds Theorie (1905d) der ursprünglichen Bisexualität des Menschen erhärten.

Sowohl die Liebesbewegungen wie auch die Identifizierungen des Kindes kümmern sich zunächst keineswegs um die Geschlechtszugehörigkeit der primären Objekte. Vater und Mutter oder andere Pflegepersonen begehren, lieben, sich mit beiden Geschlechtern identifizieren, passive und aktive Triebziele verfolgen (Gsell & Zürcher, 2011) – all dies ist integraler Bestandteil der psychischen Aktivität, wobei die späteren, mehr oder weniger endgültigen Orientierungen von den Körpererfahrungen, die der psychischen Realität ihre sexuelle Dimension verleihen, sowie den jeweiligen Begebenheiten, die die Singularität einer bestimmten Lebensgeschichte modellieren, abhängen. Hier ist der Einfluss der Umwelt und der spezifischen Interaktionen, die wiederum kulturell determiniert sind, ganz entscheidend.

Die Bisexualität des Menschen ist nach Freuds Auffassung strukturell, und zwar so sehr, dass er in *Die endliche und die unendliche Analyse* (1937c) in diesem Zusammenhang vom – unanalysierbaren – »gewachsenen Fels« (ebd., S. 99) spricht, der das Ende der analytischen Tätigkeit markiert (ebd.), im selben Maße wie die Triebstärke (ebd., S. 68), die Triebschübe »zur Pubertät und um die Menopause« (ebd., S. 70), die »Klebrigkeit der Libido« (ebd., S. 87) und das Wirken der »Urtriebe Eros und Todestrieb« (ebd., S. 89).

Insofern ist nur logisch, dass Freud schlussfolgert: »Im Sinne der Psychoanalyse ist also auch das ausschließliche sexuelle Interesse des Mannes für das Weib ein der Aufklärung bedürftiges Problem und keine Selbstverständlichkeit, der eine im Grunde chemische Anziehung zu unterlegen ist« (Freud, 1915h, S. 44 [in der 3. Aufl. von 1905d ergänzte Fußnote]). Zwanzig Jahre später stellt er im Rahmen seiner Überlegungen zur Weiblichkeit fest: »Der Eigenart der Psychoanalyse entspricht es dann, dass sie nicht beschreiben will, was das Weib ist – das wäre eine für sie kaum lösbare Aufgabe –, sondern untersucht, wie es wird, wie sich das Weib aus dem bisexuell veranlagten Kind entwickelt« (Freud, 1933a, S. 124).

Wie kann man sich erklären, dass die meisten Menschen, Männer und Frauen, sich mit dem eigenen biologischen Geschlecht identifizieren und einen Menschen mit anderem Geschlecht begehren? Wie wir gesehen haben, war Freud davon ausgegangen, dass Geschlechtsidentität und sexuelles Wünschen so entstehen: In der prägenitalen Phase »finden wir den Gegensatz von Strebungen mit aktivem und passivem Ziel, der sich späterhin mit dem Gegensatz der Geschlechter verlöten wird« (Freud, 1913i, S. 448). »Bisexualität« bezieht sich in der prägenitalen Phase also zunächst auf das Vorhandensein von aktiven und passiven Triebzielen (Gsell & Zürcher, 2011) in ein und demselben Individuum, unabhängig vom Geschlecht und vom Gegensatz männlich/weiblich. Die spätere »Verlötung« von *aktiv* mit *männlich*, von *weiblich* mit *passiv* wird in der Psychoanalyse »natürlich« vor dem Hintergrund der biologischen Ausstattung verstanden: Das Subjekt identifiziert sich mit dem eigenen anatomischen Geschlecht; der phylogenetisch verankerte, universale Ödipuskomplex und dessen Untergang führen dann zur Identifizierung mit dem gleichgeschlechtlichen Elternteil und zu heterosexueller Objektwahl.

Um sich die vielen »Abweichungen« von der scheinbaren

biologisch-anatomischen Evidenz erklären zu können, möchten wir wieder mit Laplanche (2006) unterstreichen, dass es sich bei den unendlichen Variationen in den »Verlötungen« um *psychodynamische* Prozesse handelt, an denen die interagierenden Personen – das Subjekt und die Pflegepersonen – mit ihren bewussten und unbewussten Vorstellungen und Haltungen beteiligt sind. Und hier sind wir wiederum bei der Frage nach dem Gender – das heißt der *kulturellen* Verankerung von Geschlecht und Sexualität – angelangt.

Laplanche (ebd.) hat mit seiner Theorie der »anthropologischen Grundsituation« die überragende Bedeutung der Erotisierung des abhängigen Kindes durch den Erwachsenen aufgezeigt. Die Pflegefunktionen sehen sich von der im Unbewussten des Erwachsenen operierenden infantilen Sexualität subvertiert. Im Umgang mit dem kleinen Kind wird diese infantile Sexualität stark aktiviert: Wir herzen und küssen und lieben das Kind so, wie wir einst selbst geherzt, geküsst und geliebt worden sind oder es uns gewünscht haben. Unweigerlich erotisieren wir das Kind, implantieren Sexualität, Erregungsbeträge, d. h. Trieb in es hinein.

Das Kind erotisiert dann seinerseits die der Selbsterhaltung und Bindung nützlichen Funktionen: Mit der allmählichen Ausbildung von unbewussten und bewussten Fantasien wird die Nahrungsaufnahme zu oraler Lust/Unlust, aus der Ausscheidungsfunktion entsteht anales Ringen mit den Pflegepersonen, Körperlust und -bewegung arten in endloses Toben aus, dem von außen Einhalt geboten werden muss, die sexuelle Neugier ist grenzenlos. In der Psychoanalyse nennen wir solches Geschehen die »polymorph-perverse« infantile Sexualität. Sie gehorcht einem spezifischen ökonomischen Prinzip, wo der Anstieg von Erregung gesucht wird und nicht ihr Abklingen. Die Erregung kann das Kind nur – ungern, denn hier wird es »kastriert« – mithilfe des Erwachsenen regulieren.

Die infantile Psychosexualität bleibt Matrix für die des Erwachsenen, ist Quelle des Fantasielebens und von Psychodynamik. In jede genitale sexuelle Erfahrung des Erwachsenen fließen vorangegangene (prägenitale, polymorphe, bisexuelle), zu unterschiedlichen Lebenszeiten gewonnene Befriedigungsmodalitäten ein, die sogenannten Partialtriebe und die entsprechenden prägenitalen Erlebnismodalitäten bleiben erhalten (Freud, 1940a). Diese Modalitäten regieren das sexuelle Erleben des erwachsenen Menschen, konstituieren und »stören« sozusagen die genitale Funktion. Darüber hinaus sind sie aufgrund der unvermeidlichen Fixierungen und des übermächtigen Wiederholungszwangs verantwortlich für eine ganze Reihe von psychischen Symptomen. Freud hat dies in seinen Fallgeschichten herausgearbeitet und in der Metapsychologie theoretisiert.

Wenn die Ausbildung von Geschlechtsidentität und auch die »ödipalen« Orientierungen in den Interaktionen zwischen Erwachsenem und Kind entstehen, dann sehen wir sofort die sich hier einmischende Kultur, das heißt die Ideale, die Tabus, die Verbote, die Normen usw., die die Pflegepersonen internalisiert haben und die deren Besetzungen des Kindes entscheidend gestalten.

Ohne Zweifel leben wir in einer Kultur, die Heterosexualität und eindeutige Identifizierung mit dem anatomischen Geschlecht favorisiert. Aber nach Freuds Auffassung resultiert sowohl die heterosexuelle wie auch die homosexuelle Objektwahl aus einer »Einschränkung« hinsichtlich der ursprünglichen Bisexualität (Freud, 1920a, S. 276), also aus Verdrängung, Unterdrückung oder Abspaltung polymorph gerichteter Triebregungen sowie der aktiven oder passiven Triebziele. Solche Unterdrückung war lange Zeit notwendig, um die Fortpflanzung der Gattung – die von der heterosexuellen Paarung abhing – zu sichern. Man kann deshalb die Hypothese wagen, dass das zunehmende Auseinanderdividieren von Sexualität und Fortpflanzung diese Unterdrückung immer weniger notwendig macht, denn, wie bereits gesagt, »die Zusammenfassung aller Partialtriebe zur Objektwahl unter dem Primat der Genitalien [erfolgt] im Dienste der Fortpflanzung« (Freud, 1913i, S. 446).

Ganz offensichtlich verändern sich die Lebensweisen in unseren Breiten kontinuierlich und immer rascher – Stichworte dazu sind: Auflösung traditioneller Familienstrukturen, wechselnde sexuelle Orientierungen (homosexuell oder heterosexuell) im Laufe eines Lebens, das *Spielen* mit Geschlechtsidentität, gleichgeschlechtliche Elternschaft und Transsexualität. Die zunehmende Permissivität der Kultur bringt offensichtlich die Aufhebung von Verdrängung/Unterdrückung mit sich, etwa die der ursprünglichen Polymorphie und der damit einhergehenden Plastizität von Begehren und sexuellen Identifizierungen. Diese werden weniger stereotyp bzw. endgültig.

Früher musste man sozusagen starr und unbeirrt, geradezu »abnorm« homosexuell oder transsexuell sein, um trotz sozialer Ächtung und strafrechtlicher Sanktionierung zu den eigenen Wünschen zu finden und diese dann auch noch auszuleben. Heute können Geschlechtsidentitäten und Orientierungen flexibler gelebt werden (Gschwind, 2015), und dies gilt auch für viele Menschen mit Transidentität[6]. In diesem Sinne könnte man sagen, dass prägenitales Geschehen vermehrt kreativen Eingang in das psychosexuelle Erleben findet.

Freud hatte gemeint, dass eine endgültige – heterosexuelle oder homosexuelle – Objektwahl immer Ergebnis einer »Einschränkung« (Freud, 1915, S. 44) sei, das Unbewusste und die Triebregungen des Es blieben bisexuell orientiert, Triebregungen hin zu passiven und aktiven Triebzielen bestünden nebeneinander, gleichzeitig, nicht im Widerspruch, so wie es im Es nun einmal möglich ist. Dagegen wehrt sich allerdings das Ich, welches Struktur, Anpassung (»besser« heterosexuell als homosexuell) und Eindeutigkeit (wenn schon homosexuell, dann immer noch »besser« als bisexuell) sucht.

Interessanterweise gibt es keine Anzeichen für ein vermehrtes Vorkommen von ausschließlicher Homosexualität. Schätzungen zur Häufigkeit von Homosexualität variieren enorm und sind abhängig davon, was der einzelne Mensch unter »Homosexualität« versteht. So gibt es etwa Personen, die sich selbst nicht als homosexuell bezeichnen würden, trotz eigener sexueller Erfahrungen mit Gleichgeschlechtlichen. Umgekehrt gibt es Personen, die sich selbst als gleichgeschlechtlich liebend verstehen, aber aus verschiedenen Gründen nicht zwingend sexuelle Kontakte suchen. Ähnlich gibt es Personen mit homosexuellen Gedanken und Neigungen, die diese jedoch nicht ausleben können oder möchten. Im Internet (Wikipedia, Deutsches Institut für Jugend und Gesellschaft) finden sich Schätzungen des Vorkommens von ausschließlicher Homosexualität zwischen einem und zehn Prozent.

Dies ist (nicht nur) für die Psychoanalyse letztlich gleichgültig.

6 Ich kann hier auf die unterschiedlichen – zwanghaften oder flexibleren – Formen von Transidentität nicht eingehen (dazu Ristock, 2009; Sironi, 2011).

Denn wenn wir davon ausgehen, dass menschliche Sexualität polymorph ist, dann dienen Kategorisierungen wie »heterosexuell«, »schwul« und »lesbisch« den jeweiligen geronnenen Identitäten und sozialpolitischen, aktivistischen Zielen. Aus psychoanalytischer Perspektive aber ist eindeutig, dass solche Kategorien eine – notwendige, unumgängliche und letztlich strukturierende – Abwehr gegen die Plastizität von Sexualität darstellen: eine Leistung des Ichs – gegen die polymorphen potenziellen Überraschungen durch aus dem Unbewussten auftauchende Wünsche.

Polymorphie versus Perversion

Wir sollten in der Psychoanalyse nicht mehr von »polymorph-perverser« infantiler Sexualität sprechen, vielmehr klar zwischen Polymorphie und Perversion unterscheiden. Freud hatte geschrieben, es sei »der gemeinsame Charakter aller Perversionen, dass sie das Fortpflanzungsziel aufgegeben haben. In dem Falle heißen wir eine Sexualbetätigung eben pervers, wenn sie auf das Fortpflanzungsziel verzichtet hat und die Lustgewinnung als davon unabhängiges Ziel verfolgt« (Freud, 1916–1917a, S. 327). Solche Lustgewinnung als »pervers« zu bezeichnen, ist selbstverständlich grotesk, denn normalerweise wird Sexualität gelebt und gleichzeitig die Fortpflanzung unbedingt verhindert.

Bei Perversionen tritt ein Partialtrieb dominant auf, beruht auf einer mehr oder weniger starren Fixierung, hat zwanghaften Charakter, auch sprechen wir von perversen Subjekten, wenn diese sich durch »Grausamkeit oder Boshaftigkeit« (Freud, 1905d, S. 33) auszeichnen, d. h. auf die Subjektivität des Sexualpartners keinerlei Rücksicht nehmen.

> »Wir sollten Perversion als einen Prozess definieren, wo der sexuelle Lustgewinn mit der Ent-Subjektivierung des Anderen einhergeht. Es handelt sich dabei nicht mehr nur um eine Transgression der Zone oder der Art und Weise der Ausübung der genitalen Funktion, vielmehr um die Unfähigkeit, auf sexueller Ebene dem Mitmenschen zu begegnen« (Bleichmar, 2010, S. 94, eigene Übersetzung).

Dagegen sind in der polymorphen (infantilen) Sexualität die Partialtriebe gleichwertig(er), es kann mit ihnen *gespielt* werden, sie sind austauschbar, und die Subjektivität des Sexualpartners ist nicht verworfen. Warum sollte solche Kreativität mit der Pubertät untergehen? Das genitale orgiastische Erleben, das sich mit der Pubertät voll entfaltet, könnte eher als eine erhebliche Bereicherung gesehen werden, als neue Fähigkeit, Erregung erleben *und* abführen zu können, wobei die ganze Erlebenspalette der infantilen Sexualität bestehen bleibt. Wie Daniel Widlöcher schreibt: »Die infantile Sexualität existiert beim Erwachsenen nicht als ein mehr schlecht als recht assimiliertes Residuum, sondern als eine Quelle von beständigen kreativen Wünschen und Aktivitäten« (Widlöcher, 2000, S. 26, eigene Übersetzung). In der Metapsychologie sollte es deshalb konsequent nicht »polymorph-perverse«, sondern »polymorphe Sexualität« heißen.

In eben diesem Zusammenhang kann man auch die Wurzeln für eine Utopie des Geschlechterverhältnisses ansiedeln. Die von Freud ausgemachte ursprüngliche Polymorphie der Psychosexualität des Menschen ist der Ausgangspunkt dafür, dass wir auf eine zunehmende Entideologisierung, d. h. Ent-Essenzialisierung der Geschlechterdifferenz auch in der Psychoanalyse hoffen können. Auch wäre es zutreffender, die »reife« genitale Struktur nicht mit der traditionellen heterosexuellen Ehe gleichzusetzen, vielmehr als ein immer aktuelles, immer wieder reaktualisiertes Potenzial zur Aufnahme von einer sexuellen Liebesbeziehung zu einem anderen Menschen zu definieren.

Was ist eine sexuelle Liebesbeziehung?

Es gibt in der Psychoanalyse eine konzeptuelle Kluft zwischen der als so determinierend angesehenen infantilen polymorphen Sexualität und dem, was Freud an anderer Stelle recht normativ als »genitale« Sexualität beschreibt. Mit der Pubertät werde »ein neues Sexualziel gegeben, zu dessen Erreichung alle Partialtriebe zusammenwirken, während die erogenen Zonen sich dem Primat der Genitalien unterordnen […]. Der Sexualtrieb stellt sich jetzt in den Dienst der Fortpflanzungsfunktion« (Freud, 1905d, S. 108f). Dies ist der »zweizeitige Ansatz der Sexualentwicklung« (Freud, 1905d, S. 37). Etwas vorsichtiger heißt es an anderer Stelle, dass die Pubertät mit ihrem Hormonschub nichts anderes leiste,

> »als dass sie unter allen lusterzeugenden Zonen und Quellen den Genitalien das Primat verschafft und dadurch die Erotik in den Dienst der Fortpflanzungsfunktionen zwingt, ein Prozess, der natürlich gewissen Hemmungen unterliegen kann und sich bei vielen Personen, den späteren Perversen und Neurotikern, nur in unvollkommener Weise vollzieht« (Freud, 1907a, S. 22).

Unzweifelhaft bahnt die Pubertät den Weg zu genitalem orgastischen Erleben, aber ist dieses gebunden an die Ausübung der Fortpflanzungsfunktionen? Welche sind diese? Offensichtlich meint Freud damit die Vereinigung von männlichem und weiblichem Geschlechtsteil. Dies geht – abgrenzend – aus seiner Beschreibung von prägenitaler Sexualität hervor. Im *Vokabular der Psychoanalyse* (1972) heißt es, der »normale« Sexualakt sei der »Koitus mit einer Person des entgegengesetzten Geschlechts mit dem Ziel, durch genitales Eindringen [sic!] zum Orgasmus zu kommen« (Laplanche & Pontalis, S. 378f.). Es sei hier bereits angemerkt, dass wir eine Definition nur für den Mann, der mit seinem Geschlechtsteil eindringen kann, sehen.

Nicht nur in der Psychoanalyse verstehen wir unter »genitaler« Sexualität das Zusammenführen von männlichem und weiblichem Geschlechtsorgan: der »Verkehr« der Geschlechter, Geschlechtsverkehr. Nun interessieren wir uns in der Psychoanalyse aber in erster Linie für Fantasien und Vorstellungen: Heißt »genitale« Sexualität vor diesem Hintergrund, dass die mit dem Geschlechtsverkehr einhergehenden Fantasien genital ausgerichtet sind? Wenn die Fantasien ausschlaggebend wären, würde es nicht so sehr darauf ankommen, ob die real ausgeführten sexuellen Handlungen den »Fortpflanzungsfunktionen« entsprechen. Etwa könnten die Handlungen »prägenital« sein, die Fantasien aber »genital«.

Oder meinen wir, genitale Sexualität bedeute, wenn im Regelfall beide Partner gleichzeitig durch den genitalen Geschlechtsverkehr

(Penetration) mit genital zentrierten Fantasien orgastisch erleben? Dies wäre ein sexuelles Mann/Frau-Verhältnis, das vor dem Hintergrund der klinischen psychoanalytischen und der allgemeinen (Lebens-)Erfahrung geradezu einschüchtert. Jedenfalls hatte Freud in seinem Text *Beiträge zur Psychologie des Liebeslebens* (1912d) geschrieben: »Ich glaube, man müsste sich, so befremdlich es auch klingt, mit der Möglichkeit beschäftigen, dass etwas in der Natur des Sexualtriebes selbst dem Zustandekommen der vollen Befriedigung nicht günstig ist« (Freud, 1912d, S. 89).

Im selben Text, aber auch noch in anderen, zeigte er die großen Linien der strukturellen sexuellen Unzufriedenheit des Menschen auf:

A Weder bei der Frau noch beim Mann vereinen sich die zärtlichen und die sinnlichen Regungen. »Wo sie lieben, begehren sie nicht, und wo sie begehren, können sie nicht lieben« (ebd., S. 82).

B Infolge des

> »zweimaligen Ansatzes zur Objektwahl mit Dazwischenkunft der Inzestschranke [ist] das endgültige Objekt des Sexualtriebes nie mehr das ursprüngliche, sondern nur ein Surrogat dafür. [...] So wird es häufig durch eine Reihe von Ersatzobjekten vertreten, von denen doch keines voll genügt. Dies mag uns die Unbeständigkeit in der Objektwahl, den ›Reizhunger‹ erklären, der dem Liebesleben der Erwachsenen so häufig eignet« (ebd., S. 89f.).

C Darüber hinaus

> »wissen wir, dass der Sexualtrieb anfänglich in eine große Reihe von Komponenten zerfällt – vielmehr aus einer solchen hervorgeht – von denen nicht alle in dessen spätere Gestaltung aufgenommen werden können, sondern vorher unterdrückt oder anders verwendet werden müssen« (ebd., S. 90).

Das Ergebnis, so Freud, sind partielle oder komplette Impotenz beim Mann und Frigidität bei der Frau, wobei aber der konstante Triebdruck, und damit die Suche nach Erregung weiterbesteht.

> »Das, was die Kultur aus ihnen [den Liebestrieben] machen will, scheint ohne fühlbare Einbuße an Lust nicht erreichbar, die Fortdauer der unverwerteten Regungen gibt sich bei der Sexualtätigkeit als Unbefriedigung zu erkennen« (ebd., S. 91).

D Der Gipfel von all dem:

> »Auch die uneingeschränkte Sexualfreiheit von Anfang an führt zu keinem besseren Ergebnis. Es ist leicht festzustellen, dass der psychische Wert des Liebesbedürfnisses sofort sinkt, sobald ihm die Befriedigung bequem gemacht wird. Es bedarf eines Hindernisses, um die Libido in die Höhe zu treiben, und wo die natürlichen Hindernisse gegen die Befriedigung nicht ausreichen, haben die Menschen zu allen Zeiten konventionelle eingeschaltet, um die Liebe genießen zu können« (ebd., S. 88).

Es sei angemerkt, dass es statt »Liebe« heißen müsste: die »Sexualität« genießen zu können, denn genitale Befriedigung ist ja ohne Liebe möglich. An anderer Stelle hatte Freud bescheiden gemeint, eine Liebe sei das Zusammentreffen von »zwei Strömungen, die wir als die zärtliche und die sinnliche voneinander unterscheiden können« (Freud, 1912d, S. 79).

E Und spezifischer für die Frau: Vor dem Hintergrund der Fantasien um eine erregende Urszene leben wir alle mit der Vorstellung, dass die sogenannte reife Sexualität der Frau einhergehe mit einem lustvollen, zum Orgasmus führenden Erleben beim Penetriert-Werden. Es gibt wohl kaum eine andere sexuelle Fantasie, die Männer und Frauen so sehr teilen und die sie so zueinander finden lassen wie die der lustvollen Penetration. In diesem Sinne hatte Freud den »vaginalen Orgasmus«, der den klitoralen ablösen müsse, definiert:

> »Will man das Weibwerden des kleinen Mädchens verstehen, so muss man die weiteren Schicksale dieser Klitoriserregbarkeit verfolgen. Die Pubertät, welche dem Knaben jenen großen Vorstoß der Libido bringt, kennzeichnet sich für das Mädchen durch eine neuerliche Verdrängungswelle, von der gerade die Klitorissexu-

> alität betroffen wird. Es ist ein Stück männlichen Sexuallebens, was dabei der Verdrängung verfällt. […] Die Klitoris behält dann die Rolle, […] wenn sie beim […] Sexualakt selbst erregt wird, diese Erregung an die benachbarten weiblichen Teile weiter zu leiten, etwa wie ein Span Kienholz dazu benützt werden kann, das härtere Brennholz in Brand zu setzen. Es nimmt oft eine gewisse Zeit in Anspruch, bis sich diese Übertragung vollzogen hat, während welcher dann das junge Weib anästhetisch ist. […] Es ist bekannt, dass die Anästhesie der Frauen häufig nur eine scheinbare, eine lokale ist. Sie sind anästhetisch am Scheideneingang, aber keineswegs unerregbar von der Klitoris oder selbst von anderen Zonen aus« (Freud, 1905d, 121–122).

Es ist geradezu drollig, wie Freud einerseits davon ausgeht, dass das Weib erregbar »von der Klitoris« ist, aber dann doch meint, dieselbe – männlich – solle nur »Kienholz« sein; »Frigidität« sei weniger die »Kälte« der Vagina, sondern die »zu große Erregbarkeit der Klitoris« (André, 1995, S. 38, eigene Übersetzung). In diesem Sinne wäre die klitoral erregbare Frau »zu männlich«[7]. Vielleicht bedarf es noch einiger kritischer Aufklärung bis sich auch in der Psychoanalyse herumspricht, dass das »härtere Brennholz« sich zwar in der Fantasie von Männern und Frauen durch bloße Penetration entflamme, dies in der Realität aber eher äußerst selten, geradezu marginal stattzufinden scheint (Chiland, 1977; Cournut, 1977; Fisher, 1973; Hite, 1976).

Thomas Laqueur, wahrhaftig kein Ächter der Psychoanalyse, schrieb über Freud:

> »Plötzlich taucht ein zweiter Ort sexueller Lust bei der Frau auf. Zum ersten Mal behauptete ein Mediziner 1905, dass es zwei Arten von Orgasmus gebe, und dass die vaginale Variante die erwartete Norm bei der erwachsenen Frau sei. […] Vor 1905 gab es niemanden, der glaubte, dass es einen andren Orgasmus als den klitoralen gebe, der in Hunderten von wissenschaftlichen Werken und populärmedizinischen Texten präzise beschrieben war, wie auch in

7 Eben diese Vorstellung könnte eine der Wurzeln für Exzision sein.

> der weit verbreiteten pornographischen Literatur. [...] In anderen Worten, die Forschungsergebnisse von Masters und Johnson – dass der weibliche Orgasmus fast ausschließlich klitoral ist – wäre im 17. Jahrhundert für jede Hebamme selbstverständlich gewesen, und die Wissenschaftler des 19. Jahrhunderts hatten diesbezüglich eine große Anzahl von Einzelbeobachtungen angehäuft« (Laqueur, 1990, 380, Übersetzung d. A.).

Karl Abraham hat in Anschluss an Freuds »vaginalen Orgasmus« dann treu die verschieden Grade der sogenannten Frigidität der Frau beschrieben und so die Pathologisierung der normalen weiblichen Sexualität fest in der Psychoanalyse verankert:

> »Die Frigidität ist eine so außerordentlich weit verbreitete Störung, dass es der Schilderung von Beispielen kaum bedarf. Weniger bekannt ist dagegen, dass das Leiden in verschiedenen Graden auftritt. Selten ist der höchste Grad, die eigentliche Anästhesie. Hier hat die Vaginalschleimhaut jede Berührungsempfindlichkeit eingebüßt, so dass beim geschlechtlichen Verkehr das männliche Organ nicht gespürt wird, seine Existenz wird damit geradezu verleugnet. Die gewöhnliche Form ist die relative Störung der Empfindlichkeit; der Kontakt wird gespürt, ist aber lustlos. In noch anderen Fällen wird ein Lustgefühl wahrgenommen, es erhöht sich aber nicht bis zum Orgasmus« (Abraham, 1921, 98f.).

Bemerkenswerterweise fehlt bei dem akribischen, so detailbesessenen Abraham die Beschreibung des durch die bloße Penetration ausgelösten Orgasmus.

Freud hat seine Meinung auch später nicht geändert. Allerdings wird der normative Imperativ immer öfter eingesetzt. Fast 30 Jahre später heißt es:

> »Wir dürfen daran festhalten, dass in der phallischen Phase des Mädchens die Klitoris die leitende erogene Zone ist. Aber so *soll* es ja nicht bleiben, mit der Wendung zur Weiblichkeit *soll* die Klitoris ihre Empfindlichkeit und damit ihre Bedeutung ganz oder teilweise an die Vagina abtreten, und dies wäre die eine der beiden *Aufgaben*,

> die von der Entwicklung des Weibes *zu lösen sind*, während der glücklichere Mann zur Zeit der Geschlechtsreife nur fortzusetzen braucht, was er in der Periode der sexuellen Frühblüte vorgeübt hatte« (Freud, 1933, S. 125, Hervorhebung d. A.).

Es ist nicht ersichtlich, ob Freud hier eigene Wünsche ausdrückt oder sich auf klinische Beobachtungen stützt.

Und dann: was passiert mit »genitaler« Sexualität, wenn sich die Klitoris »weigert«, ihre Erregbarkeit aufzugeben? Wir sehen im öffentlichen Bereich, im Spielfilm, in der Sexualaufklärung immerzu die erregende und beide Partner befriedigende Vereinigung der Geschlechtsorgane. Es handelt sich hier um einen Mythos, der sich allerdings mit einer konsternierenden Hartnäckigkeit hält. Alle großen sexualwissenschaftlichen Untersuchungen (u. a. Fisher, 1973; Hite, 1976; zuletzt IFOP, 2015) haben zutage gefördert, dass der Orgasmus der Frau durch bloße Penetration eher eine Zufallsbegebenheit ist. Es wäre vornehme Aufgabe der Psychoanalyse, den auf Wunschvorstellungen basierenden Mythos vom durch Penetration ausgelösten weiblichen Orgasmus als Regelfall kritisch zu dekonstruieren statt ihn normativ mit aufrechtzuerhalten. Sandner (2017) merkt in diesem Zusammenhang an, dass die Frau, »wenn sie ihre infantile männliche ›klitoridale Sexualität‹, wie Freud das nennt«, aufgibt, »das heißt ihre *originäre* sexuelle Aktivität, die mit ihrer Klitoris verknüpft ist, und sich dem anpasst, was Männer brauchen«, dies eine »geforderte Unterwerfung ihrer Sexuallust unter die Bedürfnisse von Männern« (2017, S. 13, Hervorhebungen im Original) sei.

Man kann über die vielen Widersprüche in Freuds Texten in diesem Zusammenhang nur staunen, denn letztlich war er pessimistisch, was die Befriedigung durch »genitale« Sexualität angeht und meinte, »etwas am Wesen der Funktion selbst versage uns die volle Befriedigung und *dränge uns auf andere Wege*« (Freud, 1930a, S. 465, eigene Hervorhebung). Diese anderen Wege verweisen auf die Polymorphie von Sexualität neben der »genitalen« Heterosexualität »im Dienste der Fortpflanzung«, auf all das, was wir als angenehm, schön, sinnlich, lustvoll erleben: Streicheln, Küssen, Genießen von Oralverkehr, von analer Stimulierung, Schauen und Angesehenwerden, usw. In jedem

Fall sehen wir eine Mischung aus polymorpher und genital zentrierter Lust. Und das hatte Freud bereits 1905 gemeint:

> »Wir merken, dass wir auf dem Wege zur Erkenntnis uns die Unterschiede des infantilen und des reifen Sexuallebens zunächst übertrieben groß vorgestellt haben und tragen nun die Korrektur nach. Nicht nur die Abweichungen vom normalen Sexualleben, sondern auch die normale Gestaltung desselben werden durch die infantilen Äußerungen der Sexualität bestimmt« (Freud, 1905d, S. 113).

Im »Abriss« von 1938 unterstrich Freud noch einmal die überragende Bedeutung der Polymorphie menschlicher Sexualität (was, wie wir gesehen haben, ihn nicht von seinen normativen Postulaten hinsichtlich »genitaler« Sexualität abgehalten hatte):

> »Der landläufigen Auffassung nach besteht das menschliche Sexualleben im wesentlichen aus dem Bestreben, die eigenen Genitalien mit denen einer Person des anderen Geschlechts in Kontakt zu bringen. Küssen, Beschauen und Betasten dieses fremden Körpers treten dabei als Begleiterscheinungen und einleitende Handlungen auf. Dieses Bestreben sollte mit der Pubertät, also im Alter der Geschlechtsreife auftreten und der Fortpflanzung dienen. Allerdings waren immer gewisse Tatsachen bekannt, die nicht in den engen Rahmen dieser Auffassung passen. 1) Es ist merkwürdig, dass es Personen gibt, für die nur Individuen des eigenen Geschlechts und deren Genitalien Anziehung besitzen. 2) Es ist ebenso merkwürdig, dass es Personen gibt, deren Gelüste sich ganz wie sexuelle gebärden, aber dabei von den Geschlechtsteilen oder deren normaler Verwendung [sic!] ganz absehen; man heißt solche Menschen Perverse. 3) Und es ist schließlich auffällig, dass manche deshalb für degeneriert gehaltene Kinder sehr frühzeitig Interesse für ihre Genitalien und Zeichen von Erregung derselben zeigen.«

Es ist begreiflich, dass die Psychoanalyse Aufsehen und Widerspruch hervorrief, als sie, zum Teil anknüpfend an diese drei geringgeschätzten Tatsachen, allen populären Ansichten über die Sexualität widersprach. Ihre Hauptergebnisse sind folgende:

A Das Sexualleben beginnt nicht erst mit der Pubertät, sondern setzt bald nach der Geburt mit deutlichen Äußerungen ein.

B Es ist notwendig, *zwischen den Begriffen sexuell und genital* scharf zu unterscheiden. Der erstere ist der weitere Begriff und umfasst viele Tätigkeiten, die mit den Genitalien nichts zu tun haben.

C Das Sexualleben umfasst die Funktion der Lustgewinnung aus Körperzonen, die *nachträglich* in den Dienst der Fortpflanzung gestellt wird. Beide Funktionen kommen oft *nicht ganz zur Deckung*« (Freud, 1940a, S. 74, eigene Hervorhebungen).

Freud knüpfte hier letztlich konsequent an seine Schlussfolgerungen aus dem Jahre 1905 hinsichtlich der Sexualität an, wo er bemerkte, die Anlage zu den »Perversionen« sei »die ursprüngliche allgemeine Anlage des menschlichen Geschlechtstriebes«, der sich in den »seltensten Fällen auf dessen Genitalien« beschränke, sondern »auf den ganzen Körper« (ebd., S. 49f.) übergreife; deshalb vertrage sich die »Einschränkung des Sexualzieles auf die Vereinigung der eigentlichen Genitalien so schlecht« (Freud, 1905d, S. 49f.) und so sei die »Perversion« »keine seltene Besonderheit, sondern ein Stück der für normal geltenden Konstitution« (Freud, 1905d, S. 71).

Das Oszillieren zwischen der Einsicht in die polymorphe Qualität menschlicher Sexualität einerseits und normativen Vorstellungen von »genitaler« (Hetero-)Sexualität andererseits charakterisiert Freuds gesamte Schriften. Wie wir gesehen haben, können solche Widersprüche überwunden werden.

Nichtsdestotrotz perpetuiert sich der normativ ausgerichtete Blick auf die Sexualität auch in der zeitgenössischen Psychoanalyse: Selbst gegenüber der traditionellen Theorie von Weiblichkeit kritisch eingestellte AutorInnen sprechen hartnäckig von der Entstehung »früher *Weiblichkeit*, nicht nur die des Mädchens« (André, 1995, S. 5, eigene Hervorhebung), und bleiben auf diese Weise der Hypothese der biologischen Fundierung von weiblichem (und männlichem) sexuellen Erleben verhaftet:

> »Überwältigung [›effraction‹ im franz. Original – eigentlich: ›Einbruch‹, Anm. d. A.], Penetration, der Wert dieser Worte ist nicht nur metaphorisch. Die Beziehung zwischen der penetrierten Frau und dem von der Liebe des Erwachsenen ›überwältigten‹ Säugling ist nicht nur einfach analog: die Liebe/Gesten penetrieren in allerster Linie durch die (oralen, analen, urogenitalen) Körperöffnungen. Die Schicksale dieser anfänglichen Passivität/Feminität nehmen verschiedensten Verlauf, von der radikalen Verdrängung bis zur erfreulichsten Auferstehung« (ebd.).

Hier sind wir dann wieder bei der Frage nach dem Wie der »Verlötung« von Aktivität/Passivität mit dem Geschlechtsunterschied und deren Determinierung durch den Sozius angelangt, und die Argumentation wird solipsistisch: die geglückte weibliche Entwicklung würde in der »erfreulichsten« Verdrängung klitoraler Erregbarkeit zugunsten des vaginalen Erlebens bestehen. Ausschließlich der Aktivität des Mannes komme die »Erweckung der Vagina zu ihrer vollen sexuellen Funktion zu« (Deutsch, 1944, S. 201), der Liebhaber »besetzt den Masochismus der Frau, indem er zu ihr spricht, sie herausfordert, ihre Phantasien wachruft, ihre Tabus und ihre anale und phallische Abwehr durchbricht, ihre Unterwerfung fordert« (Schaeffer, 2005, S. 114, eigene Übersetzung). Die solcher Sicht zugrunde liegende Ideologie wird mitgeliefert:

> »So sehr es auch im sozialen, politischen und ökonomischen Bereich darauf ankommt, den Kampf für die Gleichheit der Geschlechter beständig zu führen, so ist dieser im sexuellen Bereich nachteilig, wenn er auf die Abschaffung der Unterschiede zwischen den Geschlechtern zielt; letztere müssen *verherrlicht* bleiben« (Schaeffer, 2005, S. 106, eigene Übersetzung und Hervorhebung).

Dass sich solche *(erfreulichen,* herrlichen*)* Wunschvorstellungen trotz der empirischen Daten so hartnäckig halten, ist vermutlich auf die Macht von frühkindlichem Erleben und entsprechenden, weit verbreiteten sexuellen Fantasien zurückzuführen. Die passive Position des *infans* hinsichtlich der erotisierenden Pflege und des Austauschs mit dem Erwachsenen bildet den Kern auch der späteren genitalen sexuellen Fantasien: Etwas wird in etwas hineingegeben, und dies erregt – die Brust in den Mund, die »rätselhafte« Botschaft in das Kind, die pflegenden Gesten in die Körperöffnungen. Solche Erregung wird dann mit den Fantasien über genitale Penetration »verlötet«: der Penis in die Vagina oder hinein in andere Körperöffnungen. Das biologistische Missverständnis liegt da vor, wenn aus diesen sexuellen Fantasien eine Metapsychologie geschmiedet wird. Man kann nicht umhin, hier die *Fabrikation* von Sexualität im Sinne von Laqueur zu sehen. Die Sprache *schafft* Sexualität, und die Psychoanalyse hat in diesem Zusammenhang dazu beigetragen, vor allem für Frauen sexuelles Leid zu schaffen: Nicht nur muss der Mensch mit der Tatsache leben, dass sexuelle Fantasie und sexuelle Wirklichkeit nie zusammen fallen (Freud, 1910a), vielmehr verhilft die Metapsychologie dem Mann und vor allem der Frau dazu, sich individuell als pathologisch anzusehen, da man das selbstgesteckte und verordnete Ideal nicht erreicht: Wir wissen doch alle, dass ein durch bloße Penetration ausgelöster Orgasmus eher eine Zufallsangelegenheit ist – aber jeder gute Spielfilm mit erotischer Szene suggeriert das Gegenteil und verunsichert uns immer wieder. Hier wäre die Psychoanalyse eigentlich gefragt, kritisch zu dekonstruieren.

2 Gleichgeschlechtliche Elternschaft

Hinter dem Begriff »homosexueller« Elternschaft verbergen sich familiäre Konstellationen mit sehr unterschiedlichem Hintergrund, was die Methoden der Fortpflanzung, der Paar- und Elternkonstellationen anbetrifft: Es gibt Eltern gleichen Geschlechts, die ein Kind aufziehen, das aus einer vorangegangenen (mehr oder weniger langjährigen) heterosexuellen Beziehung hervorgegangen ist, dann gibt es Paare, die ein Kind adoptieren oder (Frauen-)Paare, die dank künstlicher Befruchtung mit bekanntem oder anonymen Samenspender selbst ein Kind zur Welt bringen. Schließlich gibt es Männerpaare, die mithilfe von Eispende und Leihmutter[8] zu Eltern werden.

Es gibt immer noch zögerliche Zurückhaltung, was diese neuen Formen von Elternschaft anbelangt, insbesondere aus psychoanalytischer Perspektive (Winter, Flavigny), wenn nicht – aus dem Bemühen um ein »politically correct« – bequemerweise überhaupt keinerlei (metapsychologische) Stellung bezogen wird.

In Frankreich wurde im Rahmen der psychoanalytischen Community allerdings recht heftig in diesem Zusammenhang debattiert[9]. Das Hauptargument der Gegner – weniger von homosexueller Ehe als der möglicherweise daraus folgenden legalisierten Elternschaft von Partnern gleichen Geschlechts – lässt sich so zusammenfassen:

---

8 »Leihmutter« heißt: Ein befruchtetes Ei ist der Frau eingepflanzt worden, um die Schwangerschaft auszutragen. Nicht zu verwechseln mit einer Frau, die sich dank Samenspende befruchten lässt, aber aufgrund ihrer eigenen Eizelle biologische Mutter ist.

9 Ich selbst war von der französischen Nationalversammlung als psychoanalytische »Expertin« eingeladen worden, um vor dem Hintergurnd meiner akademischen Forschungsprojekte in diesem Zusamenhang zum Gesetzesprojekt der homosexuellen Ehe Ergebnisse vorzustellen.

»Homosexuelle Elternschaft kann in bestimmten Fällen im Interesse des Kindes und seiner Eltern stehen, entspricht aber nicht dem notwendigen symbolischen Funktionieren einer Gesellschaft« (Schneider, 2005, S. 257, eigene Übersetzung).

Solche Sorgen rühren von der angenommenen Notwendigkeit, einen Vater und eine Mutter zu haben – jeweils heterosexuell – damit sich das Kind harmonisch entwickeln könne, wobei von der »richtigen« sexuellen Identität und Orientierung der Eltern implizit ausgegangen wird. Wenn es sich um eine Ein-Eltern-Familie handelt – in der Regel Mutter und Kind – erzeugt die Situation erstaunlicherweise keine Sorgen, vermutlich weil die Mutter stillschweigend als heterosexuell angenommen wird und in diesem Sinne »gut verankert« in der »symbolischen Ordnung«[10].

Dabei hat die Forschung unzweifelhaft gemacht (neuester Überblick über die Ergebnisse der letzten 40 Jahre: (Vecho & Schneider, 2015), dass es den Kindern solcher sogenannten »Regenbogenfamilien« so gut und so schlecht geht wie denen, die in traditionellen Familien aufwachsen (vergleichbare Ergebnisse bereits zuvor: Crowl et. al., 2008; Alan & Burrell, 1996).

Die übereinstimmenden Forschungsergebnisse stammen aus unterschiedlichen Disziplinen: Entwicklungspsychologie, Verhaltenswissenschaft, psychodynamische Paradigmen (Heenen-Wolff, 2014; Naziri & Feld, 2010; Moget, 2010; Naziri, 2010; Drexler, 2006; Vecho & Schneider, 2005; Golombok & Tasker, 1996). Mehr als 330 Beiträge sind beispielsweise von Vecho & Schneider (2005) referiert worden. Die Resultate sind eindeutig. Keine signifikanten Unterschiede im Vergleich mit Kindern aus traditionellen Familien konnten festgestellt werden, was die Qualität der Eltern-Kind-Beziehungen angeht, die kognitiven Fähigkeiten, das Vorkommen von psychiatrischen Erkrankungen, die psychosoziale Entwicklung, die sexuelle Identität oder Orientierung. Wohl aber wurde herausgefunden (Überblick bei Stacey & Biblarz, 2001), dass Kinder, die mit Eltern gleichen Geschlechts aufwachsen, mehr Empathie für soziale Diversität aufweisen, weniger sexuellen Stereotypen

10 Worin diese bestünde – Moral, Religion, Tradition, Sprache (Signifikant)? – darüber wissen wir nichts!

anhängen und (vor allem) in der Pubertät experimentierfreudiger sind, was sexuelle Kontakte auch mit gleichgeschlechtlichen Partnern angeht.

Man kann sich also fragen, woher die – über diese Ergebnisse hinwegschauende – Überzeugung stammt, dass die einfache Tatsache, als Elternteil heterosexuell zu sein, gleichbedeutend sei mit der Anerkennung von Verschiedenheit, von »Alterität«, was die »symbolische Ordnung« garantiere; dies zum Nachteil jener, die mit einem Partner gleichen Geschlechts liiert sind.

Eine »Sorge«, die man hier und da hört, ist auch, dass Kinder mit gleichgeschlechtlichen Eltern eher das »Risiko« laufen, selbst homosexuell zu werden. Wenn von »Risiko« die Rede ist, heißt dies, es sei wünschenswert, dass Kinder nicht homosexuell werden. Man kann diesen Wunsch respektieren, er ist aber von keinerlei wissenschaftlichem Interesse, verweist nur auf Werturteile. In diesem Zusammenhang ist vielleicht erwähnenswert, dass die große Mehrheit homosexuell orientierter Menschen mit Eltern verschiedenen Geschlechts groß geworden sind, was sie offensichtlich nicht davon abgehalten hat, sich anders als ihre Eltern zu orientieren. Dazu kommt, dass keine Ziffern darauf hinweisen, dass Kinder mit gleichgeschlechtlichen Eltern öfter homosexuell würden als andere (Golombok & Tasker, 1996).

Woher stammt die mehrheitlich heterosexuelle Orientierung dieser Kinder? Das klassische psychoanalytische Konzept der Identifizierung *mit* den anwesenden Eltern (in diesem Fall gleichen Geschlechts) und deren Paarbeziehung scheint hier nicht zu greifen. Auch psychoanalytisch orientierte klinische Forschung ist durchgeführt worden. Die Befunde stammen von psychotherapeutischen Erfahrungen (Corbett, 2003; Drexler, 2006; Ehrensaft, 2000) oder von klinischen Forschungsgesprächen (Ducousso, 2004; Feld-Elzon, 2010; Heenen-Wolff & Moget, 2015; Moget, 2010; Naziri, 2010), insbesondere mit Müttern, die mithilfe von anonymer Samenspende und künstlicher Befruchtung zum Kind kamen.

Die hier interessierenden Fragen sind: Wie kann man die kindliche Entwicklung in einer Familie mit zwei Eltern gleichen Geschlechts verstehen? Wie kann sich das Kind eine Vorstellung von seiner Konzeption, von seinen »Erzeugern« machen? Wie kann es zum Erkennen und zur Anerkennung des Geschlechtsunterschieds gelangen? Auf welchen Wegen bildet es seine sexuelle Identität, seine spätere sexuelle Orientierung aus?

Zunächst kann man davon ausgehen, dass die Tatsache, mit zwei Eltern von gleichem Geschlecht aufzuwachsen, das Kind nicht daran hindern wird, eine »Triangulierung« vorzunehmen, d. h. zu erkennen, dass es nicht allein mit seiner Mutter in einer Fusion auf der Welt ist, sondern dass es da noch »Dritte« gibt. Aber dies bringt nicht automatisch das Erkennen des Geschlechtsunterschieds mit sich. Daraus ergibt sich eine erste mögliche Frage: Wie wird z. B. in einer Familie mit zwei Müttern ein psychischer Raum geschaffen, in dem die anwesenden Eltern, das Kind und ein eventueller Samenspender Platz haben? Wird dem Kind erklärt, dass es Frucht eines elterlichen Wunsches zweier Frauen ist, zu seiner Konzeption aber ein Mann mit seinem Samen notwendig war?

Ob es ein Freund ist, der seinen Samen für eine (mehr oder weniger »künstliche«) Befruchtung zur Verfügung stellt oder ein anonymer Samenspender, in jedem Fall spielt »der Mann« eine Rolle dahingehend, dass sich die Frauen eine Vorstellung von ihm machen, was die vorbewusste oder unbewusste Fantasietätigkeit nicht ruhen lässt.

»Auf einmal (oder: ›endlich‹?) gibt es in ihrer ›lesbischen‹ Zweisamkeit einen Mann!« So würden sich das Hinz und Kunz gerne vorstellen, da das Klischee will, dass »lesbische« Frauen Männer verwerfen. Systematische Forschung erweist, dass eine projizierte Elternschaft bedeutungsvolle latente psychische Bewegungen in der Paardynamik der Frauen zeitigt. Die Rückverweisung auf die Beziehung zum eigenen Vater oder anderen wichtigen männlichen Personen im Rahmen einer angestrebten Elternschaft kommt in Tiefeninterviews oft zur Sprache. Solche Reaktualisierungen und die damit einhergehenden neuerlichen psychischen Bearbeitungen sind hilfreich für die beteiligten Frauen, mit der Konzeption umzugehen und sich auf die Situation mit dem zukünftigen Kind und dessen existenziellen Fragen nach Vaterschaft und Männlichkeit vorzubereiten.

Wenn ein Frauenpaar sich auf die Suche nach einer Samenspende begibt, hat dieses eine gewisse Wahlmöglichkeit, was das Porträt des

Spenders anbetrifft: Hautfarbe, Haarfarbe, Augenfarbe, Bildungsweg etc. Auch wenn diese »Qualitäten« letztlich wenig aussagekräftig sind, so zwingt die Auswahl die Frauen dazu, sich Vorstellungen vom Samenspender zu machen, und dies wird Stütze sein, wenn es darum geht, dem Kind zu erklären, wie es entstanden ist.

Eine Befürchtung, die in Vorgesprächen zur künstlichen Befruchtung oft geäußert wird, ist, dass ein Samenspender, wenn er nicht anonym bleibt, später das Kind als seines einklagen könnte; bereits diese Furcht zeugt von dessen Präsenz in den Vorstellungen des Frauenpaares.

Wenn es denn weiterer »Beweise« bedarf, dass Frauenpaare sich dem anderen Geschlecht »stellen« müssen, dann sei an die physische Belastung im Rahmen künstlicher Befruchtung erinnert: Stimulierung der Ovarien für die austragende Frau, eventuelle Stimulierung der Ovarien, wenn eine Eispende der nicht austragenden Partnerin[11] vorgesehen ist. Man kann ohne Zögern die These formulieren, dass eine Triangulierung rund um den Geschlechtsunterschied von Beginn einer projizierten Elternschaft an geradezu unumgänglich ist.

Kinder von Eltern gleichen Geschlechts stellen sich – wie alle anderen Kinder auch – die Frage nach ihrer Herkunft. So wie adoptierte Kinder oder Kinder, die nur mit einem Elternteil aufwachsen, bedarf es einer zusätzlichen psychischen Arbeit, um eine »Urszene« zu konstruieren. Wie wir wissen, hält »Aufklärung« Kinder nicht davon ab, ihre eigenen sexuellen Theorien zu bilden – der »Klapperstorch« war wahrscheinlich auch eine solche, – Metaphern, Geschichten, die helfen können, mit Unbekanntem-Unheimlichen umzugehen. Freud hat solche Geschichten »Familienromane« (1909c) genannt. Kinder werden in der Regel nicht müde, von den Eltern die Erzählungen rund um Schwangerschaft und Geburt zu hören. Dies sind Gelegenheiten für sie, zu fassen, was die Reproduktion, die Sexualität und die Bildung einer Familie ausmacht.

---

11 Die Eispende der nicht austragenden Mutter macht sie genetisch zur eigentlichen Mutter. Dies festigt auf der Fantasieebene ganz eindeutig die Bindung zum Kind. Ein Beweis dafür, wie sehr wir in einer Logik von »Blutsbanden« funktionieren.

Solcher Austausch hat eine wichtige Funktion für Individuation und das Gefühl von Zugehörigkeit.

Mit den neuen Reproduktionsmöglichkeiten werden diese »Familienromane«, d. h. das In-Worte-Fassen von zunehmend komplizierteren familiären Beziehungen, vielleicht noch wichtiger als zuvor. Dies gilt nicht nur für Familien mit Eltern gleichen Geschlechts, sondern auch für die Ein-Eltern-Familie, die Patchworkfamilie und Familien, die wegen Unfruchtbarkeit auf künstliche Befruchtung (Samenspende, Leihmutter) angewiesen sind. Kinder von Eltern gleichen Geschlechts sind also nicht die einzigen, die kompliziertere Ursprünge und Familienverhältnisse verstehen müssen als die einer traditionellen Kleinfamilie. Je weniger schambesetzt der Rückgriff auf künstliche Reproduktionstechniken ist, desto freier wird darüber in einer Familie kommuniziert werden können, d. h. auch über eine(n) dritte(n) Abwesende(n) – Samen- oder Eispender, Leihmutter. Und man kann sich fragen, wie lange medizinisch begleitete Reproduktion überhaupt noch als »künstlich« betrachtet werden wird.

Und was ist mit der »Urszene«?

Freud war davon ausgegangen, dass das Kind die »Urszene« von Beobachtung des elterlichen Geschlechtsverkehrs aus konstruiere. Aber wir wissen, dass auch ohne direkte Beobachtung die Kinder sich eine Idee von sexuellen Beziehungen machen und deren Verbindung mit Zeugung, Schwangerschaft und Geburt. Sie sehen Tiere kopulieren, Plakate und Filme mit Liebesszenen und oft (und verfrüht) auch Pornos. Die psychoanalytische Metapsychologie geht davon aus, dass es für die Strukturierung der Psyche des Subjekts notwendig ist, den Unterschied der Geschlechter und Generationen zu akzeptieren; dies ermöglicht sexuelle Identität und die Integration des Inzesttabus. Die Verbindung zwischen den Lebensrealitäten (sexuelle Zugehörigkeit, Alter, Qualität der Beziehungen) und der Organisation von Fantasien rund um die Ursprünge und die Sexualität ist evident.

Verschiedene psychoanalytisch orientierte Forscher haben sich in diesem Rahmen die Frage gestellt, wie ein Kind gleichgeschlechtlicher Eltern (s)eine Urszene konstruiert. Feld-Elzon hat im Anschluss an Tiefeninterviews mit Frauen im Rahmen von künstlicher Befruchtung die These vorgestellt, dass diese Kinder (wie auch andere Kinder mit nicht-traditionellen Familienkonstellationen) über zwei Urszenen verfügten:

> »einerseits die Urszene seiner Konzeption, die befruchtende Begegnung zwischen seiner biologischen Mutter und dem Samenspender, ein Ur-moment des Familienromans [...] und andererseits eine zweite Szene, die Produkt einer phantasmatischen Bearbeitung der Erregung, die das erotische Paar der beiden Mütter hervorruft«, ist (Feld-Elzon, 2010, S. 65, eigene Übersetzung).

Man kann sich auch vorstellen, dass die besonderen Anstrengungen, die die gleichgeschlechtlichen Eltern machen müssen, um zu einem Kind zu kommen, einen deutlich strukturierenden Effekt auf dieses haben: es könnte sich um eine neue Art von Urszene handeln: künstlich gezeugt, aber ein bewusst gewolltes Kind der Liebe.

Die Ausarbeitung einer Urszene geht einher mit der Anerkennung des Geschlechtsunterschieds und den damit eihergehenden sexuellen Identifizierungen. Man kann die Hypothese wagen, dass eine Umgebung mit Männern *und* Frauen in jedem Fall förderlich ist – Diversität hat noch niemandem geschadet, deren Toleranz zeugt von Entspanntheit und Abwesenheit von Angst.

Jedenfalls hat die klinische Forschung (Moget, 2010) erwiesen, dass sich Elternpaare gleichen Geschlechts in der Regel sehr darum bemühen, ihre Kinder einem möglichst vielfältigen Beziehungsangebot, was Geschlechtszughörigkeit angeht, auszusetzen (was u. a. auf Schuldgefühle aufgrund internalisierter Homophobie zurückverweisen könnte).

Ganz offensichtlich finden Kinder ausreichend Anhaltspunkte in ihrer Umgebung, um den Geschlechtsunterschied auszumachen: Großeltern, Vettern und Kusinen, Onkel, Tanten, Kinder anderen Geschlechts Tagesstätte und im Kindergarten. Dann gibt es Märchen und Geschichten, die ihm erzählt werden, und die in vielen Fällen von Patchworkfamilien handeln (mit einer »bösen«

Schwiegermutter). Auch die Kinderbücher, das Fernsehen, vermitteln beständig Bilder von Familien und der Beziehung zwischen den Geschlechtern.

Gerade wegen seiner Abwesenheit könnte der »Vater« für das Kind vor- und unbewusst zumindest vorübergehend eine wichtige Rolle spielen.

Die Vaterfunktion – Triangulierung

Der Begriff der »Vaterfunktion« hat sich in der Psychoanalyse stark entwickelt. Freud hatte in Bezug auf Darwins Thesen eine *Urhorde* vermutet, eine Gruppe geführt von einem allmächtigen Vater, der sich den Zugang zu den Frauen vorbehält. Die Söhne rebellieren, töten den Vater, verzehren ihn in einem totemischen Mahl. Die Reue führt sie dazu, den Vater in Form eines Totems wieder einzurichten und sich Tabus aufzuerlegen: die Beziehungen zu den Frauen des eigenen Clans sind untersagt, wie auch das Töten. (Die Frau hat allenfalls die Rolle einer »Beute«).

Freud verstand die »Vaterfunktion« des real anwesenden Familienvaters als Repräsentanz des Vaters/Totems der Urhorde. Der Vater verbietet dem Sohn den Zugang zur Mutter und bedroht ihn mit Kastration. Dies konstituiert den »Ödipuskomplex«.

Was ist mit dieser »Vaterfunktion« in einer Familie mit gleichgeschlechtlichen Eltern? Zunächst sei daran erinnert, dass die bisexuell orientierten Identifizierungen und Orientierungen des Menschen bei einem Kinderwunsch ganz besonders mobilisiert werden: zwei Frauen oder zwei Männer oszillieren zwischen »väterlichen« und »mütterlichen« Positionen noch bevor das Projekt sich verwirklicht hätte. Ein Frauen- oder Männerpaar, das sich ein Kind wünscht, ist unweigerlich verwiesen auf das andere Geschlecht, auf dessen Potenzial von Vaterschaft oder Mutterschaft, sowie auf die eigene innere »Männlichkeit« oder »Weiblichkeit«, bzw. »Väterlichkeit« und »Mütterlichkeit«.

Von eventuellen schweren Pathologien abgesehen kann man davon ausgehen, dass ein Männerpaar in ihrer Tochter die heranwachsende Frau sieht, und zwei Frauen, die sich um ihren Sohn kümmern, sehen den heranwachsenden Mann. In diesem Sinne »implantieren« sie Geschlechtszugehörigkeit in das Kind. Wenn dies nicht so wäre, hätten wir es nicht mit einem Problem von gleichgeschlechtlicher Elternschaft zu tun, sondern mit dem Problem psychotischen Geschehens.

Die primäre Identifizierung seitens des Kindes wäre die mit dem mehr oder weniger unbewussten Blick des Erwachsenen, eine sekundäre bewusstseinsnähere Identifizierung wäre die mit dem gleichgeschlechtlichen Erwachsenen, bzw. mit den jeweils ausgeübten Rollen und Funktionen. Die die Kinder beschäftigende Frage nach den Ursprüngen verweist diese außerdem auf eine fruchtbare heterosexuelle »Urszene«. Das Kind konstruiert gemäß Laplanche die Urszene vor dem Hintergrund der kompromittierten Botschaften des Erwachsenen, der über ein sexuelles Unbewusstes verfügt. Dieses sexuelle Unbewusste ist in erster Linie von infantil-sexueller Qualität, was seinerseits impliziert, dass auch der homosexuelle Erwachsene an eine heterosexuelle Verbindung unbewusst *denkt*, selbst wenn diese *gegenbesetzt* worden wäre.

Aus psychoanalytischer Perspektive wie der von Laplanche kann man infolgedessen nicht überrascht sein, dass die Kinder, die mit gleichgeschlechtlichen Eltern aufwachsen, so gut oder so schlecht wie Kinder aus traditionellen Familien den Geschlechtsunterschied erkennen, eine Geschlechtsidentität ausbilden und ihre sexuelle Orientierung finden. Offensichtlich ermöglicht die dem Menschen eigene psychische Plastizität solche Strukturierung auch in für uns noch neuen ungewöhnlichen familiären Zusammenhängen.

Die zeitgenössischen neuen Familienkonstellationen führen uns unweigerlich dahin, unsere metapsychologischen Theorien zu überarbeiten. Es wäre schade, die Metapsychologie einfach fallen zu lassen, so wie es etwa in der »relationalen« – theoriearmen – Psychoanalyse in den USA geschieht, der viele zum Thema »Gender« arbeitende AnalytikerInnen angehören. Sie beschränken sich oft auf Falldarstellungen, ohne diese vor dem Hintergrund der psychoanalytischen Methode zu analysieren: Latentes, Unbewusstes, Wiederholungszwang, Verdrängung sind Konzepte, die in den Fallberichten nicht auftauchen.

Überhaupt sollten wir selbstkritisch die Pertinenz von Fallberichten infrage stellen, und dies nicht nur in Zusammenhang mit gleichgeschlechtlicher Elternschaft. Ein einfaches Beispiel: Im klinischen Bericht »Störungen der Repräsentanzenwelt bei einem Kind von homosexuellen Eltern« (Ody, 2003) erfahren wir etwas von der Psychopathologie des kleinen Patienten und der Einschätzung des Autoren, aber dies kann nichts erweisen hinsichtlich der Frage, ob solche Störungen spezifisch sind für Kinder, die mit Eltern gleichen Geschlechts aufwachsen.

Der Status des Fallberichts ist eine wichtige wissenschaftstheoretische Frage – nicht nur für die Psychoanalyse.

3 Die Falldarstellung als Mutmaßung

Die Entwicklung der Psychoanalyse hing und hängt wesentlich von den Erzählungen und Berichten über Behandlungsverläufe ab. Das methodologische Vorgehen Freuds und seiner Nachfolger bestand und besteht darin, über die Analyse und die Berichte von (immer weiteren) klinischen Einzelfällen zu entsprechender Theoretisierung und Kategorisierung zu gelangen.

Ende des 18. Jahrhunderts war entstanden, was man mit Foucault die »klinischen Wissenschaften« nennen könnte; das Problem des Eintritts des Individuums (und nicht mehr der Spezies) in das Feld des Wissens; das Problem der Einzelbeschreibung, der Vernehmung, der Anamnese, des »Dossiers« in den allgemeinen Betrieb des wissenschaftlichen Diskurses. (Foucault, 1976, S. 246)

So wurde aus jedem Individuum ein »Fall« – sowohl Gegenstand der Erkenntnis, wie auch »Zielscheibe für Macht« (ebd.). Hier, so Foucault, habe sich der Übergang vom Epos zum Roman vollzogen, vom Exempel zur Novelle,

> »von der Großtat zur heimlichen Besonderheit, von den langen Irrfahrten zur inneren Suche nach der Kindheit, von den Kämpfen zu den Phantasmen [...]. Es sind die Unglücke des kleinen Hans und nicht mehr die von Hänschen klein, die das Abenteuer unserer Kindheit erzählen« (ebd., 249).

Vor diesem Hintergrund konnte die Psychoanalyse entstehen: radikales Interesse für den Einzelfall, diesen – mithilfe der analytischen Methode – in seiner Dynamik »verstehen« und auf ihn Einfluss nehmen. Die Essenz der Psychoanalyse ist die Aufmerksamkeit für die individuelle hochspezifische Art und Weise, wie sich der Patient – ob neurotisch, psychotisch, pervers oder Borderline –

in seinen psychischen Produktionen verfängt. Dies wird in der Fallgeschichte dann *erzählt*.

Das kasuistische Vorgehen in der Psychoanalyse ist wegen seiner bloßen Heuristik wissenschaftstheoretisch scharf kritisiert worden (vgl. Stuhr, 2007). In der Tat: Wir kennen die Diskrepanz zwischen Einzelfall und Kategorie, zwischen therapeutischem Prozess und Theorie, zwischen klinischer Erfahrung und Metapsychologie, zwischen wissenschaftlichem Anspruch und der unendlichen, der wissenschaftlichen Erfassung so widerspenstigen Vielfalt von psychischem Geschehen, welches durch den Fallbericht unweigerlich »diszipliniert« (Foucault, 1976) wird. Und doch: wir haben durch Falldarstellungen viel erfahren, vielleicht ganz besonders durch die, die wir selber geschrieben haben, denn sie verlangen uns viel metapsychologische und klinische Reflexion ab.

Warum schreiben?

Zunächst schreiben wir vielleicht einfach nur, um nicht zu vergessen, dann aber vor allem, um zu dokumentieren und um Besonderes festzuhalten. Wir notieren ungewöhnliche Träume, überraschendes Übertragungsgeschehen, markante Gegenübertragungsmomente. Wir schreiben, um zu verarbeiten, zu theoretisieren, mitunter auch einfach, um zu ertragen, was der Patient uns zumutet. Oder aber wir schreiben einen umfassenden Fallbericht.

Im Rahmen von Supervision und Intervision sind Falldarstellungen ohne Zweifel immer »gezielt«. Zunächst zielen sie darauf ab, die Prozesse besser zu verstehen, aber auch, den Ausbildungssupervisor von der eigenen Fähigkeit zum Analysieren zu überzeugen, die KollegInnen zu beeindrucken – gerade wenn der Fall »schwierig« ist –, das Auditorium zu fesseln und damit Außenstehende für die Psychoanalyse zu gewinnen: Der Fallbericht als Verführung zur Analyse, hin zum Analytiker?

Beim Schreiben kommt dann unweigerlich die Konfrontation mit der Ungewissheit, was denn die Essenz der analytischen Annäherung ist und deshalb den Fallbericht ausmachen sollte. Was »hilft«? Den Fall »verstehen«? Falsche Verknüpfungen »dekonstruieren«? Den

Fall »konstruieren«? »Sinngebung«? »Emotionaler Austausch«? »Intersubjektivität«? Oder aber (einfach) da sein, damit sich der Analysandin ein Raum eröffnet, um ihrem eigenen, mehr oder weniger freien Sprechen endlich zuzuhören?

Welche Darstellungsform ist dem spezifischen Fall angemessen? Wie stimmen wir unseren Stil ab auf den potenziellen Zuhörer oder Leser, auf ein gegebenes Publikum, und betonen deshalb hier jenes Stück des Prozesses, dort ein anderes? Über einen Fall schreiben ist immer an einen inneren oder äußeren Ansprechpartner gerichtet und entsprechend wird die Darstellung moduliert: Schreiben für den internalisierten oder realen Supervisor, schreiben für den Kassenantrag, die Ausbildungskommission, die Beendigung der Ausbildung, schreiben für die Intervisionsgruppe, eine Zeitschrift, ein Buch oder einen Vortrag.

Und dann: Man denkt und empfindet nicht auf die gleiche Weise, wenn man schreibt oder wenn man einen Vortrag hält. Der Fall und die damit verbundenen Assoziationen und Affekte lassen sich als solche den KollegInnen in der Intervisionsgruppe vielleicht noch spontan und kathartisch mitteilen, dagegen fordert das ausformulierte Schreiben ein wesentlich größeres Maß an sekundärer Bearbeitung. Unweigerlich wird deswegen das psychische Geschehen von Patientin und Analytikerin durch das Schreiben von potenzieller Nähe zum Primärprozess und zu den Partialtrieben abgerückt. Die Einfälle der Patientin, die Assoziationsketten, die Fehlleistungen gerinnen notwendigerweise zu einem lesbaren, nachvollziehbaren, einleuchtenden Bericht. Ein mehr oder weniger vom unbewussten Denken gesteuertes Geschehen wird durch solche Bearbeitung auf die Ebene des Sekundärprozesses gehoben. Nur so können die Hauptziele der Falldarstellung erreicht werden: die Nachvollziehbarkeit von Erhebung und Auswertung des klinischen Geschehens und dessen Theoretisierung sowie die potenzielle intellektuelle und affektive Teilnahme des Adressaten am analytischen Prozess. Im letzteren Fall kann der Stil des Fallberichts dazu tendieren, an die affektive Atmosphäre der analytischen Erfahrung anzuknüpfen (Rocha Barros, 2013). Vor allem die Fallberichte im Rahmen der Beendigung der analytischen Ausbildung (aber nicht nur), wenn eine Theoretisierung der Prozesse noch nicht im Vordergrund steht, ähneln in diesem Sinne oft dramatischen mytho-poetischen Heldengeschichten[12] der beiden Protagonisten (oder mit Winnicott gar der »Überlebenden«) des analytischen Prozesses. Es galt, großen Gefahren (Verletzung des Rahmens, Wiederbelebung traumatischer Erfahrungen etc.) beherzt zu trotzen. Jedenfalls wollen wir anhand von Fallberichten von der Pertinenz des analytischen Prozesses *überzeugen*.

Schreiben konfrontiert den Analytiker mit seinen Grenzen und Hemmungen. Die so verbreitete Qual des Kassenantragschreibens verrät die Unlust und das Unbehagen, Rechenschaft über einen analytischen Prozess in seiner Undurchsichtigkeit, seinen krummen Wegen, seinen Überraschungen, der Verwirrung, die er auslöst, seiner Stagnation, abzulegen. Der Kassenantrag soll die Berechtigung einer Indikation evident, die Effizienz der Therapie deutlich machen. Notwendigerweise müssen wir übertreiben, beschönigen, glätten, verkürzen, eine »strukturierte« Übertragung konstruieren, obwohl diese vor allem in den ersten hundertachtzig Stunden eher selten dingfest zu machen ist; in den allermeisten Fällen können wir sie erst in der Rückschau nachvollziehen: Am Fall arbeiten, verstehen, deuten – so hatte Freud gemeint – beinhaltet »Konstruktion« (Freud, 1937d). Und in diesem Sinn wird unweigerlich »diszipliniert« (Foucault, 1976).

Triangulierung

Von unseren PatientInnen sprechen und schreiben, sie damit unweigerlich kategorisieren, bricht die analytische Intimität auf und kann deshalb von der Analytikerin wie ein Verrat empfunden werden (Chabert, 2013). Aber solche Öffnung führt doch auch hin zu Dritten, zu Anderem. Indessen, wenn die Analytikerin zu schreiben beginnt, ist sie allein. Die PatientInnen sind fort, die KollegInnen und LeserInnen noch nicht da, sie sitzt am Computer und versucht, Geschehen in Schrift zu fassen. Aber welches Geschehen? Das psychische Geschehen des Patienten? Oder aber

12 Der Schweizer Kollege Gerhard Dammann hat diese etwas ironische, aber treffende Bezeichnung geprägt (mündliche Mitteilung).

die eigene psychische Aktivität während der Sitzung? Vielleicht eine symbolisierende Bearbeitung dessen, was entäußert wurde, oder aber die mehr oder weniger strukturierten Assoziationen der Analytikerin, das Mit-Träumen? Ohne Zweifel hängt von der theoretischen Orientierung ab, wie man schreibt und wovon man berichten will: Vom emotionalen Austausch? Von der Übertragung? Von der Gegenübertragung? Vom effektiv Verbalisierten? Von dem, was unausgesprochen geblieben ist? Vom Prozess? Von einem bestimmten Moment in der Analyse? Der Postbionianer legt auf anderes Wert als der Lacanianer, der Intersubjektivist schreibt anders als der Kleinianer.

Allen gemeinsam ist das Problem, mit der Ambiguität und der Polysemie von Sprache umgehen zu müssen. Die Psychoanalytikerin, gleich welcher Richtung, sieht sich der Vielfalt von Sinn und Bedeutung im Sprechen der Analysandin konfrontiert. Dies bringt mit sich, dass halb Gesagtes, Angedeutetes auch nur halb verstanden oder gar falsch verstanden wird. Das Aufschreiben dieser komplexen Vorgänge erfordert unweigerlich Reduktion, Synthese, Interpretation, Kategorisierung, das heißt eine umfassende – disziplinierende –Denkarbeit der Autorin.

Beschädigtes Sprechen

Die Sprache ist unendlich mehrdeutig. Dies wird ganz besonders sichtbar, wenn man die Protokolle von Kommunikation zwischen Computern bedenkt, wo infolge der binären Programmierung jede Ambiguität radikal ausgeschaltet ist. In einer solchen Pseudosprache wäre kein analytischer Dialog möglich. Der Patient in Analyse spricht von etwas und verleiht dem auf diese Weise einen mehr oder weniger bestimmten Sinn. Die Psychoanalytikerin ist dann aber aufmerksam für noch verborgene weitere mögliche Sinngehalte und Sinnzusammenhänge, das heißt für den Bedeutungs*überschuss*. Genau dies öffnet hin zum differenzierten Denken und zum analytischen Prozess. Das Umgehen mit Ambiguität, Polysemie, mit Halbgesagtem, Angedeutetem ist das, was die Psychoanalyse so einzigartig macht und ihren epistemologischen Status ausmacht.

Die an die AnalysandInnen gerichtete Einladung zum freien Sprechen – das mitunter in freies Assoziieren münden kann – bringt mit sich, dass die Analytikerin notwendigerweise tagtäglich in der Sitzung einem Sprechen ins Unreine lauscht: Sie hört Angedachtes, Halbwahrheiten, falsche Verknüpfungen, paradoxe Aussagen, Ungereimtheiten, Widersprüchliches. Die durch die analytische Situation ausgelöste Regression und die neurotische Fixierung tragen dazu bei, dass ansonsten mehr oder weniger gut funktionierende Individuen jenes Geschehen erleben, ausdrücken und bearbeiten können, das aus einem Bereich stammt, wo sie psychische Analphabeten zu sein scheinen. Der Analytiker wird zum Zeugen von Verleugnung und Verneinung, von Selbstbemitleidung, Selbstanklagen, von masochistischem Genießen und hartnäckigem Festhalten an sekundärem Krankheitsgewinn und Wiederholungszwang. In diesem Zusammenhang haben PsychoanalytikerInnen häufig mit einer »beschädigten« oder gar »zerstörten« Sprache zu tun. Lorenzer (2000) meinte damit die Auflösung sprachsymbolischer Interaktionsformen, in deren Folge wir statt Verarbeitung, Bewusstwerdung und Einsicht die Produktion von Klischees sehen. Das Sprechen verweist dann nur wenig auf die potenzielle Fülle der Interaktionsformen und deren sprachliche Fassung. Aber auch diesseits einer regelrechten Zerstörung von Sprache: Die Furcht vor der möglichen Wirklichkeit von Ausgesprochenem und der unausweichlich verstärkenden Resonanz, die das im Beisein des Analytikers »laut Gedachte« erfährt, bringt mit sich, dass die AnalysandInnen unbewusst ihr Denken und Sprechen hemmen: Angedachtes wird (noch) nicht zu Ende gedacht.

Das Schreiben der Analytikerin »hebt« zwangläufig das beschädigte Sprechen der AnalysandInnen auf eine andere Ebene und somit »auf«, von der Sachvorstellung zur Wortvorstellung, vom Angedeuteten zum – eher – Eindeutigen. So wie die Deutung im analytischen Prozess zielt das Schreiben förmlich darauf, der Beschädigung oder Zerstörung der Sprache des Analysanden entgegenzuwirken, was wiederum auf den analytischen Prozess rückwirken kann. Wir kennen die phänomenale Erfahrung, dass das Aufschreiben in der Aussicht, demnächst den Fall vorzustellen, neue Bewegungen in einen analytischen Prozess bringen kann. Es entsteht ein neues inneres Objekt:

»Arbeit an der analytischen Situation«. Auf einmal ist man nicht mehr allein mit dem Patienten, das Zuhören öffnet sich bisher nicht wahrgenommenen Dimensionen im Diskurs des Patienten, und der zu berichtende Prozess nimmt nicht selten einen überraschenden Verlauf – ein schöner Beweis der spezifischen unbewussten Prozesse, die das Schreiben auslösen kann. Und hier sehen wir auch, dass die unweigerliche Kategorisierung zwar »diszipliniert«, aber eben auch kreative Veränderung einleiten kann, ganz im Sinne von Paul Nizon: »Das Schreiben hilft dem, der voranschreitet, denn es bedeutet eine Intensivierung und eine Multiplizierung seines Blickwinkels« (Nizon, 1991, S. 212, eigene Übersetzung).

Einen Fall aufschreiben und transformieren

Für den noch unerfahrenen Analytiker in Ausbildung ist es selbstverständlich, einen ersten umfassenden Fallbericht wohlmeinenden KollegInnen vorzulegen, bevor dieser offiziell eingereicht wird. Die auf die Ratschläge hin erfolgenden Transformationen des Berichts verändern den Fallbericht oft entscheidend zugunsten größerer Evidenz und Überzeugungskraft für den Adressaten (die Ausbildungskommission, die Jury). Inwieweit dieser dann mit dem ursprünglichen analytischen Prozess noch in Einklang zu bringen ist, ist schwer nachvollziehen. Vor vielen Jahren erzählte mir (der im Jahre 2009 verstorbene) Paul Parin, dieses enthusiastische *enfant terrible* der institutionalisierten Psychoanalyse, eine seiner SupervisandInnen habe ihm ihren Fallbericht für die Ausbildungskommission im Rahmen des Abschlusses der Ausbildung vorgelegt – woraufhin er bei der Lektüre den von ihm höchstpersönlich während mehrerer Jahre supervidierten Fall nicht wiedererkannt habe. Begeistert fügte er hinzu, nicht nur habe die Kandidatin hervorragend klinisch gearbeitet, vielmehr habe sie auch eine Analyse erfunden!

Eine Analyse erfinden, einen Fall im Nachhinein konstruieren? Hier sind wir bei dem wissenschaftstheoretischen und methodologischen Hauptproblem nicht nur der Psychoanalyse, sondern aller psychotherapeutischen Praktiken angelangt. Niemand verfügt über eine Methode, das komplexe Interaktionsgeschehen zwischen Therapeuten und Patienten nach wissenschaftlichen Kriterien angemessen zu erfassen und die Wirkfaktoren evident zu machen – auch wenn es viele Versuche in diesem Zusammenhang gibt. Freud war der erste, der die mit dem Fallbericht einhergehende unvermeidliche Reduzierung offen benannt hatte. »Was für Pfuschereien sind unsere Reproduktionen, wie jämmerlich zerpflücken wir diese großen Kunstwerke der psychischen Natur!« (Freud/Jung, 1974, Brief vom 30. Juni 1909, S. 162f.). An solcher Reduktion kann auch der schönst geschriebene Fallbericht nichts ändern. Im Gegenteil, gerade die »schöne« Darstellung eines Falles verweist unweigerlich auf unser subjektives Verständnis und implizites und explizites Vorgehen. Dieses wollen wir dem Leser vorführen und zugänglich machen – und so kommt es zum Schönreden, Schönschreiben.

Die analytische Methode – Handwerk oder Kunst?

Macht das Schreiben über seelische Vorgänge die Analytikerin zur Schriftstellerin? Ist der psychoanalytische Fallbericht der Wissenschaft oder eher der Literatur zuzuordnen – oder beidem? Die schreibende Analytikerin will ihr Vorgehen präsentieren, illustrieren, verarbeiten. Oft ist der Motor zum Schreiben die Aussicht, etwas zu fassen zu bekommen, was in der Sitzung nicht ausreichend bearbeitet werden konnte. Deshalb schreiben und lesen wir auch fast immer nur über »schwierige« Fälle. In der Novelle ist es in der Regel nicht anders: die Protagonisten sind nicht »gewöhnliche Bürger, sondern Verbrecher, Wahnsinnige, Kranke, Perverse« (Giurato, 2015, S. 129). Der »gewöhnliche« (neurotische) Patient scheint nicht den »Stoff« abzugeben, der zum verarbeitenden Schreiben drängt. Daraus wird in der zeitgenössischen Psychoanalyse dann leichtfertig kurzgeschlossen, es gäbe keine »Neurosen« mehr.

Vermutlich treibt auch den Literaten Unverarbeitetes zum Schreiben. Aber anders als der Dichter und der Schriftsteller erfindet der Psychoanalytiker seinen »Held« nicht *ex nihilo*. Er schreibt eher einen »historischen« Roman, stellt Vorgänge und Personen aus einer vergangenen Zeit dar (frühe Objektbeziehungen z. B.), ohne Anspruch auf empirische Richtigkeit zu erheben. Und so wie ein historischer Roman ist ein Fallbericht dann »gut«, wenn die Eigentümlichkeiten der behandelten Ereignisse verständlich – und fesselnd – herausgestellt werden.

Ist die analytische Methode der Kunst oder dem Handwerk zuzuordnen? Gleichschwebend zuhören, wahrnehmen, deuten, schreiben – dies hat der Analytiker mit dem Kunst*betrachter* gemeinsam. Triebregungen sind im Laufe der Entwicklung zu (Denk-)Formen und Haltungen geronnen; diese können beschrieben werden. Im analytischen Geschehen gehen Analysandin und Analytikerin mit diesen dann aktiv um, spielen damit im besten Falle, verflüssigen sie, verfestigen sie – je nachdem. Damit geht die Analytikerin über die *deutende Betrachtung* hinaus und wird zur Mitschafferin des analytischen »Produkts«, des Prozesses. Die Qualität solcher Kreation und der assoziierende, kenntnisreiche Kommentar machen jenen Text aus, der den psychoanalytisch interessierten Leser ansprechen und überzeugen wird.

In der zeitgenössischen konzeptuellen Kunst gibt es das Exponat, das wir betrachten. Um dieses zu verstehen, müssen wir viel von den Überlegungen der Künstlerin erfahren und versuchen, hier mitzudenken. Wenn wir dies nicht tun möchten, kommt es zu dem typischen Kommentar: »Was soll *das* denn sein?« oder »Was *soll* das?« *L'enfant de ça* (1973) heißt ein psychoanalytischer Klassiker der französischen Psychoanalyse. »Das Kind davon« (wobei »ça« auch das psychoanalytische »Es« ist), »Meine Mutter hat mit ihrem Schwiegersohn geschlafen und davon bin ich das Kind« – so hat sich in einem einzigen Gespräch der Patient den beiden Analytikern Jean-Luc Donnet und André Green vorgestellt. Analog zur Logik der konzeptuellen Kunst haben Donnet und Green in einem dickleibigen Buch anhand dieses einzigen Gesprächs das psychische Geschehen dieses Patienten rekonstruiert und davon ausgehend das Konzept der *psychose blanche* (»blande« Psychose) entwickelt. Allerdings, so die Autoren, soll diese theoretische Konstruktion nicht die *Verstörung* beseitigen, die dieser Patient (so wie das Kunstexponat im Betrachter) im Analytiker ausgelöst hat. Der konzeptuelle Künstler sieht dies genauso für sein Kunstwerk. Wissenschaftliche Abhandlung oder genuine Kreation? Bericht oder Literatur? Tatsachen oder Fiktion? Pontalis sagte in diesem

Zusammenhang ganz ohne Umschweife: »Auf unsere Weise konstruieren wir einen Roman« (Pontalis, 1977, S. 14).

Der Fallbericht als »Novelle« – die Novelle als Fallbericht

Nach eigenen Worten berührte es Freud »eigentümlich«, dass seine Krankengeschichten »wie Novellen zu lesen sind« (Freud, 1895d, S. 227). Er schrieb dies der »Natur des Gegenstandes« (ebd.) zu, der Komplexität der menschlichen Psyche also, einer Komplexität, die insbesondere in der Belletristik zum Thema gemacht wird. Dies war Grund für Freud, sich auch mit fiktiven Gestalten analytisch zu befassen, etwa im Text *Der Wahn und die Träume in W. Jensens* »Gradiva« (Freud, 1907a):

> »Unsere Leser werden gewiss mit Befremden bemerkt haben, dass wir Norbert Hanold und Zoë Bertgang [die Romanfiguren, Anm. d. A.] in allen ihren seelischen Äußerungen und Tätigkeiten bisher behandelt haben, als wären sie wirkliche Individuen und nicht Geschöpfe eines Dichters, als wäre der Sinn des Dichters ein absolut durchlässiges, nicht ein brechendes oder trübendes Medium. Und um so befremdender muss unser Vorgehen erscheinen, als der Dichter auf die Wirklichkeitsschilderung ausdrücklich verzichtet, indem er seine Erzählung ein ›Phantasiestück‹ benennt. Wir finden aber alle seine Schilderungen der Wirklichkeit so getreulich nachgebildet, dass wir keinen Widerspruch äußern würden, wenn die ›Gradiva‹ nicht ein Phantasiestück, sondern eine psychiatrische Studie hieße« (ebd., S. 66f.).

Freud räumte auch ein, dass man seinen Text über den Leonardo als »psychoanalytischen Roman« (Freud, 1910c, S. 206) betrachten könne. Und seine Spekulationen über Moses nennt er dann explizit einen »psychoanalytischen Roman« (Freud/Zweig, 1960, Brief vom 30. September 1934, S. 436). Viele klassische literarische Texte sind Fallstudien und basieren auf wirklichem Geschehen. So verwies Goethe in der Einleitung zu *Die Leiden des jungen Werther* auf die Verbindung zu einer realen (pathologischen) Fallgeschichte;

überhaupt solle jede Novelle von einer »unerhörten Begebenheit« berichten.

Trotz des literarischen Charakters seiner eigenen Fallgeschichten versicherte Freud aber immer wieder, den exakten Wissenschaften verpflichtet zu sein, und dieses wissenschaftstheoretische Problem hat ihn weiter beschäftigt. So schrieb er im Mai 1922 an Arthur Schnitzler, dem für die Darstellung innerer psychischer Prozesse wohl begabtesten Schriftsteller jener Zeit, der ebenfalls in Wien ansässig war, er müsse ein »Geständnis« ablegen,

> »welches Sie gütigst aus Rücksicht auf mich für sich behalten, mit keinem Freunde oder Fremden teilen wollen. Ich habe mich mit der Frage gequält, warum ich eigentlich in all diesen Jahren nie den Versuch gemacht habe, Ihren Verkehr aufzusuchen [...]. Die Antwort auf diese Frage enthält das mir zu intim erscheinende Geständnis. Ich meine, ich habe Sie gemieden aus einer Art von Doppelgängerscheu« (Freud, 1960, S. 357).

Er empfinde eine »unheimliche(n) Vertrautheit« und habe den Eindruck gewonnen, so Freud weiter an Schnitzler, »dass Sie durch Intuition – eigentlich aber infolge feiner Selbstwahrnehmung – alles das wissen, was ich in mühseliger Arbeit an anderen Menschen aufgedeckt habe (ebd.).

Die »unheimliche Vertrautheit« speise sich aus der Tatsache, dass sowohl der Schriftsteller Schnitzler als auch der Psychoanalytiker Freud über die Gedanken- und Fantasiewelt ihrer »Probanden« arbeiten. Beide gehen mit Schöpfungen des Individuums um; der eine in der literarischen Form des Romans, der andere, indem er den *Roman* seines Patienten erzählt, insbesondere dessen »Familienroman«, das heißt die hochspezifische Konstruktion des Umgangs des Patienten mit den inneren Objekten.

> »Es gehört nämlich durchaus zum Wesen der Neurose und auch jeder höheren Begabung eine ganz besondere Tätigkeit der Phantasie, die sich zunächst in den kindlichen Spielen offenbart und die nun, ungefähr von der Zeit der Vorpubertät angefangen, sich des Themas der Familienbeziehungen bemächtigt. Ein charakteristisches Beispiel

> dieser besonderen Phantasietätigkeit ist das bekannte Tagträumen, das weit über die Pubertät hinaus fortgesetzt wird. Eine genaue Beobachtung dieser Tagträume lehrt, dass sie der Erfüllung von Wünschen, der Korrektur des Lebens dienen […]« (Freud, 1909c, S. 227f.).

Der Fallbericht ist zu großen Teilen die Erzählung von zuvor *erzählten* Teilen einer Lebensgeschichte. Denn

> »Untersuchungsgegenstand in der Psychoanalyse ist die Erzählung. Die Auffassung vom Wirklichkeitscharakter der Erzählung hat sich mit der Einsicht tiefgreifend gewandelt, dass es sich bei den Erzählungen im psychoanalytischen Gespräch nicht um Rekonstruktionen einer eindeutigen Geschichte (im Sinn einer Ereigniskette) handelt, sondern um metaphorische Erzählungen, in denen die Geschichte ausgelegt wird. Erzählungen implizieren die Ausarbeitung eines Lebensentwurfs« (Walter, 2006, S. 101).

Im Fallbericht kommen dann theoretische Überlegungen zur Erzählweise des Analysanden, die wiederum Aufschluss über dessen psychisches Geschehen gibt (Widerstand, Fähigkeit zum freien Denken, Verarbeitungsniveau etc.), dazu. Aber der Fallbericht ist darüber hinaus auch Ergebnis der vom schreibenden Analytiker vollzogenen Akzentuierung des Materials, und dies ist dann Deutung, Kreation. Anamnestische Daten können den Anspruch erheben, lebensgeschichtliche Realitäten objektiv (Daten, Katamnese etc.) und aus der Sicht des Patienten wiederzugeben. Anders verhält es sich mit dem Bericht über den psychoanalytischen *Prozess*, in dem es für Analytikerin und Patientin darum geht, unbewusstes Material zutage zu fördern und Sinnzusammenhänge tastend zu verstehen, zu dekonstruieren oder eben auch zu konstruieren. Freud riet dem Analytiker ganz klar zum kreativen Verstehen: »Er hat das Vergessene aus den Anzeichen, die es hinterlassen, zu *erraten* oder, richtiger ausgedrückt, zu konstruieren« (Freud, 1937d, S. 44, eigene Hervorhebung). Konstruieren *ist* erraten. Der Analytiker weiß, dass die im Prozess auftauchenden »Tatsachen« keine Objekte *an sich* sind. Sie werden nicht von jedem Beobachter wahrgenommen und vor allem existieren sie nicht als solche außerhalb des analytischen Prozesses. Es handelt sich um *konstruierte Tatsachen*, die unter ganz besonderen (Übertragungs-) Bedingungen von Patient und Analytiker vor dem Hintergrund einer gemeinsamen Verstehens- und Deutungsgeschichte geschaffen worden sind. Solche konstruierten »Tatsachen« oder besser »psychoanalytische Fakten« (Perron) sind immer nur vorläufige, können unendlich in einer anderen Erzählversion durch zutreffendere ersetzt werden: die Vergangenheit wird so durch *Geschehen im Nachhinein* verändert. Dies ist nicht mit »Umschrift« oder »Entwicklung« zu verwechseln; *après-coup*, wie es im Französischen so treffend heißt, verweist auf die (potenziell traumatisierende) Funktion, die gegenwärtige Erlebnisse auf vergangene haben können.

Aber die schöpferische Freiheit im analytischen Geschehen ist nicht unendlich. Der Patient ist keine reine Erfindung des Analytikers. Er gibt den »Rohstoff« ab für die fiktionale Konstruktion. Freud konstruierte nach eigener Aussage seine Falldarstellungen im Sinne jener

> Klasse von Dichtungen [...], in denen wir nicht freie Schöpfungen, sondern Bearbeitungen fertiger und bekannter Stoffe erblicken müssen. Auch dabei verbleibt dem Dichter ein Stück Selbstständigkeit, das sich in der Auswahl des Stoffes und in der oft weitgehenden Abänderung desselben äußern darf (Freud, 1908e, S. 222).

Und so produzieren wir unweigerlich Kunst! Aber dies sollte uns nicht verunsichern, denn deren Essenz ist, eine tiefere Wahrheit in Szene zu setzen, darzustellen, auszustellen, zu verkörpern (Ferry, 2001). Vermutlich sind es allerdings doch unter anderem die methodologischen Probleme des Fallberichts, die dafür verantwortlich sind, dass die großen Fallgeschichten in Freuds Werk mit den Jahren weniger werden. Bereits seine technischen Ratschläge hatten implizit von der eigentlichen Unvereinbarkeit von psychoanalytischer Technik und Fallbericht gezeugt.

Technik und Fallbericht

Freud beschrieb die psychoanalytische Technik unter anderem so: »Sie lehnt alle Hilfsmittel, [...] selbst das Niederschreiben ab und besteht einfach darin, sich nichts besonders merken zu wollen« (Freud, 1912e, S. 377). Er wollte *nicht* empfehlen,

> »während der Sitzungen Protokolle anzulegen u.dgl. Abgesehen von dem ungünstigen Eindruck, den dies bei manchen Patienten hervorruft, gelten dagegen die nämlichen Gesichtspunkte, die wir beim Merken gewürdigt haben. Man trifft notgedrungen eine schädliche Auswahl aus dem Stoffe, während man nachschreibt oder stenographiert, und man bindet ein Stück seiner eigenen Geistestätigkeit, das in der Deutung des Angehörten eine bessere Verwendung finden soll« (Freud, 1912e, S. 378f.).

Dies ist dem erfahrenen Analytiker geläufig, aber er ist auch nicht gezwungen, über seine Tätigkeit im Detail zu berichten, wie es etwa dem Ausbildungskandidaten unausweichlich zugemutet werden muss. Von diesem verlangen wir Stundenprotokolle, die er in der Supervision dann noch möglichst frei vortragen soll. Ich erinnere mich an meine KandidatInnengruppe und wie wir unsere Protokolle zwei-, dreimal vor Beginn der Supervision durchlasen, um sie mehr oder weniger auswendig vortragen zu können.

Wir sind aufgefordert, in der Sitzung freischwebend aufmerksam zu sein, der Analytiker »soll dem gebenden Unbewussten des Kranken sein eigenes Unbewusstes als empfangendes Organ zuwenden, sich auf den Analysierten einstellen wie der Receiver des Telefons zum Teller eingestellt ist« (Freud, 1912e, S. 381). Die Aufforderung zur formellen Regression, zum An-den-Assoziationen-entlang-Träumen, ist eindeutig, und dazu passt kein Mitschreiben. Alles Ausgesprochene hat zunächst den gleichen Wert, alles soll gleichschwebend gehört werden, dagegen sind die aufgeschriebenen Worte ausgewählte Worte (Le Guen, 2010).

Aber merken sollten wir uns doch nichts! Allerdings ist das Erstellen von Notizen nach der Sitzung unweigerlich der Versuch, eine verbal polysemische Bewegung in eine Form zu fassen und sie damit einzufrieren. Die Assoziationen in der analytischen Sitzung haben gleichen Wert, werden »gleichschwebend« gehört, denn es ist die unbewusste *Verbindung* zwischen den einzelnen veräußerten Gedanken, die die Entzifferung des unbewussten Prozesses ermöglicht. Dagegen sind die notierten Worte unweigerlich ausgewählte Worte. Andererseits, auf die eine oder andere Weise *muss* die Darstellung verdichten, sonst könnten wir getrost jahrelange Analyseprozesse verfolgen.

Fallbericht und Theoriebildung

Freud schrieb am Abend seine Fallgeschichten aus dem Gedächtnis auf. Indessen wissen wir, wie unzuverlässig dieses ist, wie selektiv, wie sehr Wahrnehmung und deren Reproduktion unbewusst determiniert sind. Ohne Zweifel berichtet man anderen vor allem das, was die eigenen Hypothesen zu stützen scheint, und vernachlässigt, was dazu nicht passt. Freuds Krankengeschichten hatten immer die Funktion, ein Konzept zu erhärten: Im Fall von Dora ging es um den Zusammenhang zwischen Traum und Hysterie, der »Rattenmann« diente zur Konzeptualisierung der Zwangsneurose, die Rolle der Angst vor Homosexualität in der Genese der Paranoia war zentral in der Analyse von Schrebers Tagebuch. Im Fallbericht vom »Wolfsmann« ging es um dessen – von Freud angenommene – Beobachtung von Geschlechtsverkehr im Alter von eineinhalb Jahren und deren traumatische, durch einen Traum ausgelöste Wirkmächtigkeit im Nachhinein, als der Patient vier Jahre alt war.

Bei der Konstituierung psychoanalytischer Fakten, bei deren Anordnung und Darstellung ist unweigerlich das Vorverständnis von entscheidender Bedeutung. Die bewussten, vom Analytiker favorisierten Theorien determinieren die Wahrnehmung, das Verständnis und somit die Erstellung des Fallberichts.

Dass die Modelle, Konzepte und Theorien der Psychoanalyse auf Erzählungen der AnalytikerInnen basieren, in denen sie über ihre Erfahrungen in der analytischen Situation berichten und mitteilen, wie sie diese Erfahrungen verstanden und wie sie gehandelt haben, macht verständlich, dass es keine neutrale, objektive und einheitliche Theoriebildung geben kann (Zwiebel, 2013, S. 41).

Verstehe ich die Schwierigkeiten meines Patienten eher als Ergebnis einer mehr oder eher weniger geglückten »Kompromisslösung« zwischen Wünschen, Verboten, Erfahrungen und narzisstischen Bedürfnissen und Ansprüchen? Oder aber gehe ich von strukturellen Defiziten in der Symbolisierung und damit in der Konstruktion des psychischen Apparates als solchem aus? Ist das Subjekt eher als passiv erleidend zu betrachten oder als aktiv verwerfend? Höre ich eher auf das, was der Patient sagt, seinen Diskurs, sein Sprechen in der Stunde, oder aber eher auf das, was er (noch) nicht sagt? Sind emotionale Reaktionen des Analytikers, affektive Resonanz und empathisches Begleiten zentral für den Prozess oder versteht man unter »Gegenübertragung« vor allem die überraschenden (seltenen) Momente in einer Analyse, wenn das Unbewusste des Analytikers etwas verstanden hat, was dieser bewusst nicht erfasst hatte?

Und neben den intellektuell bevorzugten theoretischen Bezügen arbeitet die einzelne Analytikerin auch mithilfe von sogenannten »privaten«, mehr oder weniger unbewussten Einstellungen (Canestri, 2006), die mit ihrer Lebensgeschichte und ihren Erfahrungen zusammenhängen. Dies ist ein Phänomen, das vermutlich mitunter – mehr oder weniger fälschlich – als *spezifische* Gegenübertragung angesehen wird.

Wortprotokolle

Um von der unvermeidlichen, notwendigen Subjektivität des Analytikers zumindest ein kleines Stücklein zu abstrahieren und auf die psychische Realität des Patienten zu fokussieren, werden in Supervision und Intervision immer öfter Wortprotokolle statt extensiver Fallberichte verwendet (zu Forschungszwecken hinsichtlich der impliziten Theorien des Analytikers etwa in den vergleichenden klinischen Gruppen der Europäischen Föderation für Psychoanalyse). Das *Verbatim* wird im Allgemeinen als ein »Rohmaterial« betrachtet, das den Zuhörern oder Lesern einen weniger vom Vorverständnis der vortragenden Analytikerin gefärbten Zugang zur analytischen Begegnung ermöglicht.

Es ist ganz besonders drollig, dass selbst AnalytikerInnen, die sich in der Tradition Bions verstehen, heute mit Wortprotokollen arbeiten, wo es doch bei ihm kryptisch hieß: »No memory, no desire, no understanding« (Bion, 1970, S. 22). Aber wenn man eine Sitzung notieren will, kann man selbstverständlich *per definitionem* nicht wunschfrei und auch nicht objektiv sein. Bion hatte versucht, durch Neologismen wie »Alphafunktion« oder »Betaelemente« von der Vieldeutigkeit der Alltagssprache frei zu kommen. Auch die *grid* war ein weiterer Versuch der Objektivierung von klinischem Geschehen. Allerdings hat kein Analytiker sie je benutzt!

Wortprotokolle scheinen sich gewissermaßen zwischen *grid* und Fallbericht anzusiedeln. Wir sind jetzt stolz, mit deren Hilfe scheinbar zu größerer Exaktheit im Vergleich zu früher zu gelangen, als es üblich war, eine ausführliche Anamnese und langjährige Behandlungsgeschichte vorzustellen. Freud stand dem indessen skeptisch gegenüber. Er meinte kritisch, man müsse

> »im Auge behalten, dass genaue Protokolle in einer analytischen Krankengeschichte weniger leisten, als man von ihnen erwarten sollte. Sie gehören, streng genommen, jener Scheinexaktheit an, für welche uns die ›moderne‹ Psychiatrie manche auffällige Beispiele zur Verfügung stellt« (Freud, 1912e, S. 379).

In der Tat, Wortprotokolle geben – bestenfalls – den verbalen Austausch des analytischen Duos wieder, vernachlässigen allerdings dessen langjährige gemeinsame Arbeit, die affektive Färbung des Sprechens, die Qualität des Zuhörens und des Schweigens, den inneren Diskurs der Analytikerin sowie die unbewusste Dimension der Kommunikation und können deshalb auch keinen objektiven Aufschluss über das psychische Geschehen von Patient und Analytikerin geben. Auch ein Stundenprotokoll entsteht infolge von sekundärer Verarbeitung; es ist der klinischen Situation nachgängig und unweigerlich vom hochspezifischen Verständnis des Analytikers sowie von dessen Intention hinsichtlich des Adressaten geprägt.

Sandler (1983) hat überzeugend aufgezeigt, dass nichts in der Praxis theorielos funktioniert. Auch aus diesem Grund sieht sich auch die Falldarstellung anhand eines Stundenprotokolls unweigerlich der metapsychologisch gründenden Bewertung (seitens der KollegInnen, SupervisorInnen) ausgesetzt.

Aber immerhin kann man die Assoziationsketten und den verbalen Austausch nachvollziehen, und das ist bereits eine ganze Menge.

Bewertung

Wer einen Fall vorstellt, setzt sich unabhängig von der gewählten Darstellungsform impliziter oder expliziter Bewertung aus. Wir kennen die Prozedur bei den Fallvorstellungen in unseren Instituten: »Sie haben uns einen sehr interessanten Fall vorgestellt!« Dann folgt eine alternative Interpretation des Falles und der analytischen Interaktionen, meist aus einer anderen theoretischen Perspektive, die als Kritik, als Nachbesserung, manchmal als Bereicherung empfunden wird.

Bewertung ist ein unvermeidlicher, keinesfalls verwerflicher Vorgang, dies selbstverständlich ganz besonders in der Aus- und Weiterbildung, in der die Fähigkeit des Anwärters, die Ausbildung erfolgreich abschließen zu können oder Ausbildungsfunktionen zu übernehmen, von der Institution überprüft werden muss. In der kollegialen Intervisionsgruppe wird ebenfalls evaluiert, so wie auch der Ausbildungsanalytiker von KollegInnen und KandidatInnen evaluiert wird. Die Supervision oder Intervision eines analytischen Prozesses schließt notwendigerweise auch die Evaluierung des psychischen Geschehens des Analytikers ein. Es geht nicht nur darum, *was* er tut, sondern auch darum, *wie* er dies tut.

Der von seiner klinischen Erfahrung sprechende und schreibende Analytiker teilt sein eigenes psychisches Geschehen indirekt mit, ohne dass er dies kontrollieren könnte, sowohl durch die Wahl des vorgestellten analytischen Materials, seine Rückbezüge auf analytische Konzepte, seinen Stil. Auf diese Weise gleitet er selbst, mitsamt seinen mehr oder weniger bewussten theoretischen Überzeugungen, zwischen die Zeilen. Dies kann ein wichtiger Grund sein, warum man keine Fälle darstellen möchte. Solche Abstinenz wird allerdings auch noch anders begründet.

Der »französische« Zugang

Wie wir gesehen haben, ist eine mögliche Objektivierung bei der Erstellung und der Bewertung einer Falldarstellung fraglich. Eine Falldarstellung kann umfangreich sein, etwa wie die Freuds vom Wolfsmann. Sie kann am Beispiel einer Minisequenz auf Entscheidendes im analytischen Prozess verweisen. Bei den LacanianerInnenn kann es die Evozierung eines einzigen »Signifikanten« sein, der über einen unbewussten Knoten Aufschluss gibt. Überhaupt, die LacanianerInnen haben einen spezifischen Blick auf die Falldarstellung: Einen Fall erzählen, nacherzählen, so meinen sie, gehöre vollständig dem Sekundärprozess an und stehe deshalb zwangsläufig im Dienste der Abwehr des Unbewussten. Dieses lasse sich nicht durch Narrative erfassen, weder die des Patienten noch die des Analytikers. In allen Fallvorstellungen, die ich von LacanianerInnen gehört habe, ging es deshalb immer (nur?) um Augenblicke, Kurzaufnahmen von etwas aus dem Unbewussten Aufblitzendem: in den allermeisten Fällen ein verräterischer Signifikant.

Der Lacanianer spricht nicht in Sätzen und deutet auch nicht in Sätzen, vielmehr deutet er mittels Interpunktionen – Komma, Gedankenstrich, Unterstreichung, dem Ausrufezeichen und dem Punkt, mit dem die Sitzung »skandiert«, d. h. mehr oder weniger überraschend beendet wird. Der Sprechstil von Lacan wirkt oft enigmatisch, da dieser auf eine größtmögliche Nähe zu den Prozessen des unbewussten Denkens zielt – so wie auch das Sprechen des lacanianischen Analytikers: »Indem der Analytiker Vieldeutigkeit, Zweideutigkeit und Versprecher hervorhebt, vermittelt er nicht den Eindruck, dass er weiß, was der Patient ›wirklich meinte‹, sondern verweist vielmehr auf die Möglichkeit von anderen, vielleicht aufschlussreicheren Bedeutungen« (Fink, 2005, S. 33).

Lacan meinte so wie Freud, dass Wahrheit unausweichlich eine fiktionale Struktur habe (»Toute vérité a la structure d'une fiction«, Lacan, 1984, S. 12). Freud hatte eine Affinität seiner Falldarstellungen zum Roman eingeräumt, Lacan bediente sich poetischer Strukturen, insbesondere des Aphorismus (»Es gibt keinen Geschlechtsverkehr« oder »Wenn Sie verstanden haben, liegen Sie mit Sicherheit falsch« (vgl. Fink, 2005). Schließlich meinte er sogar, dass der analytische Diskurs nur über eine »Askese des Schreibens« (ebd.) realisiert werden kann. In der Tat hat Lacan wenig »geschrieben«, vor allem wenige Fallgeschichten. »Seine« Texte beruhen häufig auf den von seinen Schülern angefertigten Niederschriften von Lacans Vorlesungen.

Lacan sieht das Unbewusste als eine Struktur, die ähnlich wie die Sprache funktioniert und umgekehrt. In diesem Sinne gibt die Sprache nur vor, das Reale durch Begriffe fassen zu können. Deshalb wird das Sprechen des Analysanden von der Analytikerin gemäß der Wirkmechanismen der in der Traumdeutung formulierten Denkprozesse aufgenommen. So wird z. B. aus der »Tischlampe« »die Schlampe« gehört. Das Gesprochene wird nur insoweit gedeutet, als es den »Sinnwirkungen der Verschiebung, der Verdichtung und der Überdeterminierung entspricht« (Pontalis, 1974, S. 112). Der strukturelle Charakter der Sprache schütze den Analytiker davor, dass die Sprachspiele willkürlich sein könnten.

Für die Bewertung des Analytikers in Ausbildung haben die LacanianerInnen konsequent die sogenannte *passe* eingeführt: der angehende Analytiker berichtet nicht von einem Patienten und dessen Analyse, sondern vom Verständnis seiner eigenen analytischen Erfahrung. Ganz in der Tradition von Lacan ist auch Laplanche der Falldarstellung skeptisch gegenüber eingestellt. Er meinte, es sei das Vorrecht der PatientInnenen, ihre eigene Geschichte zu schreiben, und nicht das Recht der AnalytikerInnen, daraus eine Fallgeschichte zu machen.

Und noch eine Fallgeschichte

Der wie auch immer schreibende Analytiker sieht sich jedenfalls gezwungen, (sich) über seine Position, sein Vorgehen, Rechenschaft abzulegen. Insofern stützt das Schreiben den Denkprozess, und das hat noch niemandem geschadet, auch dem Patienten nicht. Aus diesem Grund schreibe auch ich weiterhin Fallgeschichten. Die folgende stelle ich aus zwei Gründen im hier gegebenen Zusammenhang vor: Erstens zeigt sie deutlich meine momentane theoretische und klinische Orientierung; zweitens: als ich sie US-amerikanischen KollegInnen vorstellte, denen das »französische«

psychoanalytische Denken ganz fremd war und die mich eingeladen hatten, um dieses besser zu verstehen, fragten sie mich nach meiner Darstellung zu meiner großen Verblüffung, ob ich den Fall nicht weiter entwickeln könnte. Hier wurden mir wie selten die theoretischen Implikationen für eine Falldarstellung deutlich.

Eine Patientin, bei Analysebeginn fünfzig Jahre alt, hatte durch den Prozess zunächst aus einer schweren reaktiven Depression herausgefunden, die infolge einer Uterus-Entfernung aufgetreten war. In der ersten Zeit war die Übertragung – im Sinne von Laplanches dualer Übertragung – von Bewegungen der Autokonversation geprägt gewesen. Es ging in diesem Sinne darum, konstante Präsenz zu bieten, damit die Patientin zu einem größeren inneren Gleichgewicht finden konnte. Sie sprach viel über ihren geliebten Vater, der, als sie zwölf Jahre alt war, die Familie ganz plötzlich verlassen hatte. Ich hatte das »Herausreißen« des Uterus als neuerliche Traumatisierung in einer nachträglichen Bewegung dieses ersten »Risses« verstanden und wiederholt gedeutet. Die Patientin hatte dem nie widersprochen, war aber in diesem präzisen Zusammenhang nicht in eine spürbare psychische Bewegung geraten.

Zufrieden verließ mich die Patientin nach vier Jahren Analyse. Sie war nicht mehr depressiv, konnte sich im beruflichen Alltag besser behaupten usw. Allerdings hatte wenig explizite *Ana-lyse* im Laplanche'schen Sinne – Dekonstruktion – stattgefunden. Sie hatte peinlich vermieden, sich jemals auf die analytische Situation als solche explizit zu beziehen, geschweige denn auf mich, ihre Analytikerin. Mittels ihrer Logorrhoe hatte sie mir zu verstehen gegeben, dass ich (nur) Anlehnungsobjekt sein sollte.

Zwei Jahre später suchte sie mich für ein zweites Stück Analyse auf. In unserer ersten Wiederbegegnung hatte ich Gelegenheit, als sie sich nach ihrem eigenen neuerlichen Analysewunsch befragte, ihr zu sagen: »Es ist eigentlich nicht vorstellbar, dass Sie in diesen ganzen Jahren niemals an meine Präsenz gedacht haben«. Sie stimmte dem überrascht zu.

Zu Beginn dieses zweiten Analysestückes wurde deutlich, dass sich ihr neuerlicher Analysewunsch bewusst vom Wunsch speiste, sich nicht mehr mit der Tatsache zufrieden geben zu wollen, keinerlei sexuellen Regungen zu verspüren.

Hier ein Ausschnitt aus einer Sitzung:
Pat: Mein erster Partner war wie mein Vater, das war eine schreckliche Trennung, alle Männer danach das genaue Gegenteil. Ich wollte daran nie mehr denken.

Was kann man darauf sagen?[13] Das »Ich wollte daran nie mehr denken« ist recht unspezifisch! Man könnte so deuten:

- Die Trennung von Ihrem ersten Freund hat sie auf die schmerzhafte Trennung von Ihrem Vater zurückverwiesen?
- Sie haben sich andersartige Männer gesucht, um nicht wieder eine ähnliche Trennungserfahrung zu riskieren?

Ich habe gesagt: Sie wollten nicht mehr an die Attraktivität, die Ihr Vater auf sie ausgestrahlt hat, denken? Sie: Daran habe ich noch niemals gedacht!

Es geht hier um eine *mise en travail*, ein Anstoßen psychischer Arbeit, nicht mehr und nicht weniger. Ziel ist, die Beweglichkeit und Elastizität der infantilen Erlebensweise wieder herzustellen, d.h. in ihrem Fall den inzestuösen Wunsch und damit sexuelles Wünschen überhaupt. Meine Deutung verwies sowohl auf die Attraktivität des erwachsenen Mannes für das kleine Mädchen, wie auch auf die aktiv ausgeübte Ausstrahlung – »Verführung« – desselben.

Prompt erzählt sie in einer der folgenden Sitzungen, dass sie in der Pubertät mit ihrem Vater gelegentlich ins Restaurant ging und der Vater und sie dann meinten feststellen zu können, dass sie von den anderen Gästen für ein Paar gehalten wurden: »wie eine richtige Lolita«, ergänzte sie vergnügt. Darauf habe ich selbstverständlich nichts gesagt.

Meine Falldarstellung hatte hier geendet. Jedes »Weiterentwickeln« hätte solche Pointierung des Materials getrübt – zumindest aus meiner Sicht.

Wie weit wollen wir gehen in unseren Zweifeln an der Darstellbarkeit und somit an der Mitteilbarkeit eines analytischen Prozesses? »Das Beschriebene macht etwas deutlich, das zwar dem Wahrheitswillen des Beschreibenden, aber nicht der Wahrheit

13 Es würde über den Rahmen dieser Arbeit hinausgehen, wenn ich erklärte, warum ich genau in diesem Moment intervenieren wollte.

entspricht, denn die Wahrheit ist überhaupt nicht mitteilbar« (Bernhard, 1976, zit. nach Zwiebel, 2013, S. 39). Vielleicht ist die »Wahrheit« des analytischen Prozesses nicht darstellbar, aber diese Tatsache sollte kein Grund sein, nicht immer wieder zu versuchen, sich dieser anzunähern. Fallgeschichten sind Geschichten, die ohne Interpretation nicht geschaffen werden können. Es sind Geschichten, die ihren »pragmatischen Wert gerade nicht als ›Fakta‹ entfalten, sondern als Anlässe zu weiteren Erzählungen, weiterem Wägen oder weiterem Erzählen – Geschichten, in denen es, mit einem Wort, nicht um Wissen geht, sondern um Wahrheit« (Lüdemann, 2014, S. 127). Wir müssen im Auge behalten, dass wir es nicht mit Puzzlestücken zu tun haben, die sich zu einem Gesamtbild fügen könnten, auch nicht mit einem Kaleidoskop, in dem sich nur scheinbar die Konstellationen unendlich verändern können. Vielleicht ist es richtiger, von »Schnipseln« zu sprechen, von Abfallprodukten unbewussten Geschehens, die im Kontext der früheren und aktuellen Lebenssituation des Analysanden und im Rahmen des analytischen Prozesses beständig neu anfallen. Davon sollten wir immer wieder schreiben. Nur so kann die psychoanalytische Erfahrung lebendig bleiben.

Diese Ansicht wird allerdings nicht von allen PsychoanalytikerInnen geteilt. So meinen etwa die LacanianerInnen, dass Fallgeschichten allenfalls etwas über den Schreiber aussagen, die Essenz eines analytischen Prozesses, d. h. für sie das Spiel der Signifikanten, nicht erfassen können. Dies ist eine ernstzunehmende Kritik. Überhaupt ist die Diskussion zwischen LacanianerInnen und FreudianerInnen überfällig. Ich werde nun zu zeigen versuchen, warum eine solche spannend sein könnte.

4 Werkstattbericht aus einer freudo-lacanianischen Gruppenarbeit

Auf meine Initiative hin haben vier erfahrene AnalytikerInnen der *Belgischen Psychoanalytischen Gesellschaft*[14] (IPA) und vier ebenfalls erfahrene Analytiker der *École de la Cause Freudienne* (ECF)[15] während 2 ½ Jahren in einer gemeinsamen Intervisionsgruppe regelmäßig Fälle vorgestellt – dies mit dem Ziel, besser zu verstehen, wie die jeweilige, so unterschiedliche Methode theoretisch begründet und realisiert wird und wie sie auf den Patienten wirkt.

Das Misstrauen von uns allen war zunächst ebenso groß wie die Neugier, die »andere« Technik aus der Nähe zu sehen. Es sei vorweggenommen, dass eine Nivellierung der fundamentalen Unterschiede weder angestrebt noch Ergebnis dieser Gruppenarbeit war.

Die Ausgangsidee für den Wunsch, die lacanianischen Kollegen und ihre Technik aus der Nähe zu sehen, war unter anderem gekeimt vor dem Hintergrund der Tatsache, dass es auch innerhalb der IPA inzwischen unmöglich geworden ist, von *der* Psychoanalyse zu sprechen. Wir kennen heute auf theoretischer und technischer Ebene neben der klassischen die kleinianische, die postkleinianische Psychoanalyse, die Bion'sche Theorie und Technik, die intersubjektivistische und relationale Psychoanalyse etc. Dazu kommt jene Psychoanalyse, sicherlich die am weitesten verbreitete, die sich theoretisch und klinisch aus allen diesen Strömungen *irgendwie* speist, wobei dies sicherlich ganz besonders wenig reflektiert wird[16]. Die unterschiedlichen Strömungen sind mitunter nicht mehr mit-

---

14 Christophe du Bled, Blandine Faoro-Kreit, Eike Wolff und die Autorin dieses Artikels.

15 Diese Gruppierung gilt im französischsprachigen Raum als ganz besonders getreu an Lacan ausgerichtet. Teilnehmer der Gruppe waren: Philippe Fouchet, Monique Kusnierek, Alexandre Stevens, Alfredo Zenoni.

16 Dazu die kritischen Ausführungen von Tuckett (2005)

einander vereinbar, und solche Vielsprachigkeit hat den Weg zu einer Öffnung hin zu den lacanianischen Kollegen geebnet.

Allerdings: der Vergleich von *der* Freud'schen und *der* Lacan'schen Psychoanalyse bringt gerade wegen der Vielfalt innerhalb der beiden Richtungen notwendigerweise eine Reduzierung mit sich. Dennoch lassen sich einige grundlegende Unterschiede ausmachen. Ich werde dies aufzeigen etwa hinsichtlich der Bedeutung, die jeweils den Be- und Verarbeitungsprozessen in oder außerhalb der Sitzung zugemessen wird, was die Dauer der Sitzung anbetrifft, die Sicht von Übertragung vor allem als Widerstand oder aber als Manifestation der Triebdynamik, dann hinsichtlich der Frage, ob Sinnzusammenhänge vom Analytiker und Analysanden gemeinsam konstruiert werden sollten oder ob Analyse ausschließlich deren Dekonstruktion visiert, schließlich hinsichtlich der Frage nach einem Vorgehen mittels verbalisierter Deutung oder aber Skandieren der Sitzung als Deutung. Die jeweiligen Unterschiede in der analytischen Technik verweisen selbstverständlich auf die unterschiedlichen Konzepte von Subjektbildung und Genese von Psychopathologie.

Die folgende Darstellung beruht auf der gemeinsamen Gruppenarbeit sowie auf ausgewählter Literatur zur psychoanalytischen Technik. Gleichwohl handelt es sich um meine persönliche Weise, die Unterschiede zu verstehen und herauszustreichen.

Manche Vorurteile konnten rasch ausgeräumt werden, weil sie schlichtweg auf Unkenntnis beruhten. So meinten die lacanianischen Kollegen, das Konzept der »Gegenübertragung« hieße, dass der Analytiker dem Patienten mitteilt, was er selbst fühlt. Und wir »FreudianerInnen« haben sehr bald verstanden, dass die variable Sitzungsdauer vom Patienten zwar als brutale Zurückweisung erlebt werden kann, jedoch beruht sie auf einer ausgefeilten Theorie.

Ich selbst war in diese Gruppe noch unter dem Eindruck der Lektüre von Gérard Haddads[17] Bericht seiner Analyse bei Lacan gekommen (Haddad, 2002, S. 161):

17 Haddad, tunesisch-jüdischer Herkunft, war ursprünglich marxistisch orientiert, entdeckte dann aber während seiner Analyse bei Lacan die Macht seiner religiösen Gefühle. Er wurde orthodoxer Jude und wanderte nach

> »Die Bandbreite der ›schlechten Behandlung‹, manchmal eindeutig sadistisch, war reichhaltig: abgebrochene Sitzung noch bevor ich überhaupt hatte ein Wort sagen können, unterschiedliche Geräusche von einer Heftmaschine oder einem Papiermesser, Körpergeräusche, eine lautstark durchgeblätterte Zeitung. Dann auf der Türschwelle die jeden Tag aufs Neue wiederholte Frage: ›Wann sehe ich Sie wieder‹? Manchmal war ich so aufgebracht, dass ich sagte: ›übermorgen‹ oder ›nächste Woche‹, er berichtigte mich dann mit seiner flehenden Stimme, unwiderstehlich: ›Aber nein, morgen! [...] Zu einem bestimmten Zeitpunkt entdeckte Lacan dann eine andere Form von Folter: die Tür seines Praxisraums blieb offen stehen. So konnte man von der Bibliothek her hören, was gesprochen wurde, obwohl dass doch ganz intim sein sollte. Ich habe auf diese Weise Sitzungen von meinen Leidensgenossen gehört, ohne jemals zu wissen, wer da gerade sprach« (Haddad, 2002, S. 162, eigene Übersetzung).

Trotz dieser »schlechten Behandlung« ist Haddad selbst lacanianischer Analytiker geworden und bleibt nach eigenen Worten Lacan dankbar verpflichtet.

Ich hatte Lacans Haltung skandalös gefunden und nicht verstanden, dass ein Patient bei einem Analytiker mit einer solchen »Technik« überhaupt bleibt. Die Macht der Übertragung, die bei den LacanianerInnen allerdings eher stiefmütterlich behandelt wird, war für mich die einzige Erklärung.

Haddad hat nach der Beendigung seiner zwölfjährigen Analyse, die ihm hinsichtlich seiner von ihm selbst eingestandenen Zwangsneurose wohl sehr geholfen hat, ein umfangreiches Werk rund um die heiligen Texte des Judentums geschaffen, nach eigener Auskunft und paradoxerweise infolge einer entsprechenden Aufforderung Lacans – wobei dieser doch so sehr gegen die Anpassung der Analysandin an das »Begehren des Analytikers« gewettert hatte.

Das meist rätselhafte, in der Anspielung verbleibende Sprechen Lacans, sein Verweigern von jedem Versuch von *Erklärung* in der Sit-

Israel ein. Im französischsprachigen Raum ist er heute bekannter Autor u. a. von Werken zum Verhältnis von Psychoanalyse und Judentum und jüdischer Philosophie.

zung oder in seinen theoretischen Schriften will dem Enigmatischen des Unbewussten selbst entsprechen. Aus der Sicht der angelsächsischen und deutschsprachigen kritischen Denktraditionen ist der Lacan'sche Diskurs allerdings schwer erträglich; er wird letztlich als autoritär erlebt. Ich selbst habe deshalb viele Jahre gezögert, mich näher mit der lacanianischen Psychoanalyse zu beschäftigen. Was mir jedoch immer eingeleuchtet hatte, war Lacans Konzept, dass das »Subjekt im Begehren des Anderen« begriffen ist (man kommt auf die Welt und ist von den Eltern/Großeltern/Geschwistern schon längst erwartet, vorgedacht, verplant, geliebt, abgelehnt: Objekt von Triebwünschen, Projektionen und unweigerlich determiniert von einer spezifischen Kulturtradition/Sprache).

Auf originelle Weise hatte Lacan bereits 1938 der Freud'schen Idee vom Individuum als einer Monade ein Ende gesetzt, und zwar ohne in eine rein intersubjektivistisch ausgerichtete Konzeption der Subjektbildung zu münden: Freud hatte das Objekt in der Tat als zweitrangig gesehen, wichtig in erster Linie in seiner Funktion, Befriedigung zu gewähren – zuerst der Trieb, dann die Ausbildung der Objektbeziehung.

Bei Lacan ist es umgekehrt: das Subjekt ist als *sprechendes Wesen* in einer Struktur eingebunden: »Der Mensch ist ab seiner Geburt und jenseits des Todes in einer symbolischen Kette begriffen« (Lacan, 1966, S. 46[18]) und auch: »Die Welt der Worte schafft die Welt der Dinge« (ebd., S. 276). Die Umwelt geht dem Subjekt voraus; es muss sich aus dem Befangensein in dem Begehren des Anderen *befreien*, um sich als solches konstituieren zu können, wohingegen sich in der Freud'schen Konzeption das Subjekt konstituiert, in dem es schrittweise seine Beziehungen zum Objekt und zur Umwelt *entfaltet*.

Vor dem Hintergrund der Forschung zur frühen Mutter-Kind-Beziehung kann die Freud'sche Vision des monadischen Säuglings nicht mehr überzeugen: dieser ist keineswegs dieses passive, symbiotische, autistische oder objektlose Wesen, wie von Freud und in dessen Folge beschrieben, er verfügt über ganz außerordentliche kommunikative Fähigkeiten, insbesondere jene, das Objekt unmit-

18 jeweils eigene Übersetzung, Anm. d. A.

telbar nach der Geburt bereits erkennen zu können. Der »primäre« Narzissmus *kann* nur eine sekundäre Bildung sein.

Die Theorie von Lacan trägt diesen Phänomenen breite Rechnung und postuliert, dass sich das psychische System in folgender Richtung entwickelt: die Aktion des Objekts – welches primär ist – und die Interaktion des Säuglings mit ihm, dann die Ausbildung einer Repräsentanz dieser Interaktion seitens des Kindes und schließlich die sprachliche und bildhafte Symbolisierung als weitere Etappe der Entwicklung.

Gewiss, auch Freud hatte bereits vom Säugling als »erotisches Spielzeug« (Freud, 1912d, S. 80) der Mutter gesprochen. Aber im Großen und Ganzen ist in der freudianischen Tradition die Einsicht, dass das Objekt dem Subjekt vorgängig ist, erst spät Rechnung getragen worden, dann allerdings auf ganz besonders fruchtbare Weise in der Theorie von Jean Laplanche.

Laplanche hat dieses Konzept vom Lacan'schen Strukturalismus abgelöst. Der »Andere« bei Laplanche ist nicht der »Große Andere« (»Grand Autre«), der im Signifikanten und in der Sprache nistet, vielmehr der Erwachsene, der sich um das Kind kümmert. Das Kind ist den rätselhaften Botschaften des Erwachsenen ausgeliefert, die deshalb »rätselhaft« sind, weil sie nicht nur auf die vitalen Bedürfnisse des Kindes reagieren, sondern etwas verraten von den vielen Fantasien, die den Erwachsenen bei eben dieser Tätigkeit begleiten. Diese mehr oder weniger unbewussten Fantasien sind ihrerseits unterlegt von infantiler Sexualität, die das psychische Geschehen prägen und damit Einfluss auf die Handlungen, das Sprechen, die Haltung insgesamt im Rahmen der Beziehung zum Kind haben. Vor diesem Hintergrund ist es unausweichlich, dass das Kind und seine Körperfunktionen (Saugen, Ludeln, Ausscheiden, allgemeine Motorik, das Suchen nach körperlicher Nähe), die doch zunächst »nur« dem Überleben und der Bindung gewidmet sind, vom Erwachsenen »erotisiert« werden – eine unausweichliche »allgemeine Verführung«[19], wie Laplanche sagt.

19 Ich verdanke Peter Passett (Zürich, mündliche Mitteilung) die wichtige Beobachtung, dass Laplanche mit dem Begriff der (allgemeinen) »Verführung« unweigerlich auf die Freud'sche Verführungstheorie zurückverweist und es

Anders als Lacan unterstreicht Laplanche die spezifische Subjektivität des Kindes in der Art und Weise, wie es die Botschaften – mehr oder weniger geglückt – »übersetzt«. Und so wie Freud – und in Abgrenzung zu Lacan – berücksichtigt Laplanche theoretisch und klinisch weiterhin beide Strömungen in der Objektbeziehung: die zärtliche und die sinnliche – Bindung und Begehren.

Die Ebene der Bindung scheint mir in der Lacan'schen Theorie völlig vernachlässigt, wohingegen die Bedeutung von den dem Subjekt vorgängigen Strukturen in der zeitgenössischen freudianischen Psychoanalyse im Allgemeinen unterschätzt scheint. Die so unterschiedlich gesehene Bedeutung der Dauer der Sitzung hängt eng mit diesen theoretischen Konzeptionen zusammen.

Die Dauer der Sitzung – die Position des Analytikers

Kein anderer Unterschied zwischen der lacanianischen und freudianischen Psychoanalyse ist so sichtbar und eindeutig wie die unterschiedliche klinische Handhabung der dem Patienten reservierten Sitzungszeit. In der Freud'schen Psychoanalyse sehen wir die konstante und – relativ gesehen – lange Dauer als notwendig an, damit der Patient dank einer gleichschwebenden Aufmerksamkeit des Analytikers Assoziationsketten entwickeln kann, ohne drohende »Sanktion« durch die nicht vorhersehbare Beendigung der Sitzung. Die Zeit der Sitzung soll dem Patienten ermöglichen, sich seinen latenten Vorstellungen und damit einhergehenden Affekten anzunähern, diese von allen möglichen Aspekten her zu beleuchten und somit schrittweise zu verarbeiten und zu integrieren – eine vollkommene Redefreiheit innerhalb eines festen Rahmens.

In keinem anderen Lebensumstand haben wir die Gelegenheit, so frei zu sprechen wie in der Analysestunde; die Analytikerin äußert ihre Meinungen, gibt keine Ratschläge, sie hört zu, wendet aber nichts, weder direkt noch indirekt, gegen den Patienten. In

dadurch zu begrifflicher Verwirrung kommen kann. Mir scheint der Begriff »Verführung« zu intentional, um diese unbewussten Prozesse zu benennen. Es erscheint mir deshalb treffender, von »Erotisierung« zu sprechen.

dieser privilegierten Situation kann der Patient vom alltäglichen Lebenskampf ablassen und in aller Ruhe sich seinen Gedanken und Gefühlen überlassen. Mit oder ohne Hilfe der Analytikerin wird er neue Verbindungen zwischen der Vergangenheit und der Gegenwart entdecken oder herstellen, seine Probleme und Symptome besser verstehen und Einsicht gewinnen, dass und warum verschiedene Aspekte seines Lebens bisher ausgeklammert bleiben mussten.

Die gleichwährende Sitzungsdauer, das geduldige wohlwollende Zuhören, unabhängig davon ob der Patient spricht, schweigt, sich wiederholt oder den Analytiker angreift, stellt nach Auffassung der FreudianerInnen auf unbewusster Ebene ein Äquivalent der frühen mütterlichen Funktion dar (Bleger, 1967); mit dem Analytiker in der Sitzung *sein*, innerhalb eines vorhersehbaren zeitlichen Rahmens, begünstigt die Fähigkeit, in Gegenwart des Anderen allein zu sein (Winnicott, 1958) – Vorbedingung affektiver Reife: »Die Grundlage für die Fähigkeit, allein zu sein ist paradox, denn es geht um die Erfahrung, allein in Gegenwart von Jemand anderem zu sein« (Winnicott, 1958, S. 206). Viele unsere Patienten haben die Schwierigkeit, nicht »allein« im Sinne von Winnicott sein zu können und brauchen die ständige Bestätigung der Anwesenheit des Anderen, des Analytikers, um das narzisstische Gleichgewicht zu halten. Wir hören dann häufig und wiederholt Sätze wie: »Ich verstehe das nicht«, »Ich weiß auch nicht genau«, »Meinen Sie nicht auch?«. Wenn der Analytiker dieses Suchen durch wohlwollendes Zuhören begleitet, wird sich die Patientin mit der Zeit mehr ihren eigenen Gedanken überlassen, das heißt, in Gegenwart des Analytikers allein sein können. Der Analytiker stellt der Patientin einen »Resonanzboden« zur Verfügung, ein Dispositiv, das als Container fungiert und die Patientin dabei unterstützt, die inneren Erregungen in Gegenwart des Analytikers auszuhalten, sie zu temperieren und schließlich zu symbolisieren. In diesem Dispositiv kann man die präverbale Ebene in der Beziehung lokalisieren, was wiederum auf die frühe Mutterbeziehung zurückverweist.

In diesem Zusammenhang haben uns die lacanianischen Kollegen gefragt, ob wir uns nicht in einer entwicklungspsychologischen Logik befinden: die frühesten Erfahrungen wären die wichtigsten für alles Spätere. Dies würde aber Freuds Konzept der Nachträglichkeit nicht berücksichtigen, was ja erst verständlich macht, dass das Spätere modifiziert, was zuvor geschehen war.[20]

Bei näherer Sicht auf wichtige Veröffentlichungen in den internationalen psychoanalytischen Zeitschriften ist eindeutig, dass bei den Post-FreudianerInnen der primären Beziehung zur Mutter ganz besonders viel Aufmerksamkeit zukommt, während die LacanianerInnen systematisch den Anderen, den Dritten einbringen, und sich deshalb eher in einer Logik des »Väterlichen« situieren. Baranger (1976, S. 311) hatte unterstrichen, dass die

> »spezifische Funktion des Analytikers essenziell in einer väterlichen Logik anzusiedeln zu sein scheint (unabhängig davon, ob es sich um einen Analytiker oder eine Analytikerin handelt), denn diese Funktion liegt genau auf der Grenze, die die imaginäre Ordnung und die symbolische Ordnung definiert und voneinander scheidet« (zit. nach Etchegoyen, 2005 [1991], S. 125, eigene Übersetzung).

Für Lacan ist unbewusstes Geschehen ohne Versprachlichung undenkbar. Wir FreudianerInnen teilen diese Auffassung nicht, sondern gehen vielmehr davon aus, dass vorsprachliche Erfahrungen grundlegende Spuren im entstehenden Unbewussten des Kindes hinterlassen. Deshalb widmen wir dem »Frühen«, »Archaischen«, dem Vorsprachlichen, dem Umgang mit innerer Erregung diesseits von Sprache so viel Aufmerksamkeit.

Eine solche Sicht der Dinge hat sich in der zeitgenössischen Freud'schen Psychoanalyse sehr verbreitet und beruht explizit oder implizit auf der Idee, dass das, was sich in der analytischen Situation entfaltet, seine Wurzeln in der Beziehung zur frühen Mutter hat, und wir sehen hier auch die Idee eines möglichen *Defizits* in der Konstruktion des psychischen Apparats, was Mängel der Denk- und Symbolisierungsfähigkeit zeitigt. Von dieser Hypothese stammt die Theoretisierung der analytischen Kur als durch einen festen Rahmen strukturierter Ort, innerhalb dessen das Subjekt regredieren und eine Übertragungsbeziehung in einer intersubjektiven Beziehung

20 Es sei in diesem Zusammenhang daran erinnert, dass zunächst Lacan wieder auf dieses Freud'sche Konzept aufmerksam gemacht hat.

entfalten, seine innere Welt geduldig erforschen kann, die damit verbundenen Affekte und Emotionen erleben, die Widerstände durcharbeiten, dies dank der psychischen und symbolisierenden Präsenz des Analytikers. Nach Bion (1962) kann dieser dem Patienten sogar seinen »Denkapparat« zur Verfügung stellen, wenn er nicht in der Lage ist, einen »namenlosen Terror« auszudrücken. Solche gemeinsame Symbolisierungsarbeit soll den AnalysandInnen zu einer besseren Fähigkeit, zu denken und sich seine innere Welt und die der anderen vorzustellen führen.

Jedoch: dem Patienten helfen, das auszudrücken, was er nicht formulieren kann, ist nicht die Option der LacanianerInnen. »Wir kümmern uns eher darum, was der Patient sagt, als darum, was er sagen will« (Balestrière et al., 2008). Der Analytiker soll keine Hilfsfunktion übernehmen, indem er etwa eine »ausreichend gute Umgebung« verkörpert, die einstmals gefehlt hat. Sie argumentieren – mit Freud –, dass jede Pathologie Ergebnis eines *Prozesses* ist, eines vom Ich ausgearbeiteten Kompromisses, und dass sie nicht als Folge eines *Defizits* angesehen werden kann. Das was *fehlt* ist das, was vom Subjekt aktiv *verworfen* worden ist. Deshalb mache es keinen Sinn, dem Patienten Funktionen wie einer von Winnicott beschriebenen »ausreichend guten Mutter« zu bieten oder eine »alpha-Funktion« im Sinne von Bion, damit der Patient erleben und denken kann, was ihm in seiner Kindheit nicht möglich gewesen war – zumindest nicht dann, wenn man das unbewusste Geschehen bearbeiten will und nicht in eine entwicklungspsychologische Logik abgleiten will.

In diesem Zusammenhang scheint mir die Bedeutung der Objektkonstanz von den LacanianerInnen völlig verkannt. Die Beziehungsmodalität von *Bindung* an das Objekt ist bei Lacan überhaupt ausgeklammert.

Die Konstanz und die Qualität des frühen Objekts sind ein wichtiges Thema in der zeitgenössischen Freud'schen Psychoanalyse, und die immer gleichwährende Sitzungsdauer ist dem analog. Die lacanianischen KollegInnen meinen dagegen, dass diese gleiche Dauer dem Patienten die Illusion gibt, über das Objekt (Analytiker) verfügen zu können und somit das Imaginäre verstärkt.

Die FreudianerInnen denken dagegen, dass es häufig unverzichtbar ist, dem Patienten diese »Illusion« (Winnicott, 1960) zu ermöglichen, damit er etwas nachholen kann. Nach Winnicott hat der Säugling die Illusion, dass es seine Schreie seien, die magisch die Befriedigung seiner Bedürfnisse auftauchen lassen, und er fantasiert die Brust als einen Teil seiner selbst. Die *primäre mütterliche Fürsorge* ermöglicht dem Kind diese allmächtige Illusion.

Die lacanianische Technik der beweglichen Sitzungsdauer trägt dem *illusorischen* Charakter dieser Beziehung ebenfalls Rechnung, aber im gegenteiligen Sinn: Sie basiert auf dem Lacan'schen Konzept der drei »Register«: das Imaginäre, das Symbolische und das Reelle. Für die LacanianerInnen ist die frühe Mutter-Kind-Beziehung im Imaginären zu verorten: das Kind stellt sich vor, die Verlängerung der Mutter zu sein, ihr Penis/Phallus, ihre Erfüllung, eine Vorstellung, die die Mutter in der Regel zunächst teilt, und die wir mit Winnicott die »mütterliche Verrücktheit« (1960) nennen können. Lacan sagte lakonisch dasselbe: alle Mütter seien psychotisch!

Im Sinne einer väterlichen Funktion durchtrennt der lacanianische Analytiker diese imaginäre Bindung, er erlaubt dem Patienten nicht, sich in der Illusion zu wiegen, das Objekt (Analytiker) bzw. den analytischen Raum füllen/befriedigen zu können. So führt jede Skandierung (Abbruch der Sitzung) neben der potenziellen impliziten Deutung die »symbolische Ordnung« ein, den »Großen Anderen« oder das »Dritte« – wie man als Freudianerin sagen würde. Der lacanianische Analytiker beendet die Sitzung so wie der symbolische Vater kastriert, während der freudianische Analytiker mit der impliziten Hypothese einer basalen Mutterübertragung arbeitet, und der feste äußere Zeitrahmen symbolisiert das »Dritte«: die ablaufende Zeit, der sowohl Analytiker wie Patient unterworfen sind, diese Uhr, über die sich Lacan mokiert hatte. Der freudianische Analytiker führt auf diese Weise systematisch das »Dritte« sozusagen unbeabsichtigt ein.

Wiedergutmachung – Konfrontation mit dem Mangel

Die Annahme von weit verbreiteten, in der Kindheit erlittenen Traumata und der Notwendigkeit von deren Wiedergutmachung ist in der zeitgenössischen freudianischen Psychoanalyse präsent. Man denke in diesem Zusammenhang etwa an den psychoanalytischen Bestseller *Die tote Mutter* von André Green (2003). In diesem autobiografisch inspirierten Artikel hatte Green nicht die psychischen Erfahrungen eines Waisenkinds beschrieben, sondern die mitunter depressiven Zustände seiner Mutter, die sie manchmal psychisch abwesend machten. Ein Freudianer würde mit Green meinen: »ein frühes Trauma für ein Kleinkind!«; die LacanianerInnen würden eher sagen: »ein recht gewöhnliches Vorkommnis«. In der lacanianischen Logik wird der Mangel eher strukturell – und somit unvermeidlich – verstanden und behandelt: jeder muss mit dem Befangensein im »Begehren des Anderen«, d. h. mit seiner Abhängigkeit von dessen Seinszustand zurechtkommen: die lacanianischen Kollegen in unserer Arbeitsgruppe machten sich darüber lustig, dass wir FreudianerInnen die Klagen über eine abwesende oder wenig empathische Mutter für »bare Münze« nehmen. Sie meinen indessen, dass es eher darum gehe, die Verschränkungen zwischen Begehren und »jouissance« aufzuknoten, den unterschwelligen Masochismus aufzudecken, um zu dem eigentlichen Begehren des Subjekts vorzudringen.

Um dies alles lakonisch auf ein Kürzel zu bringen, könnte man auch sagen: Bei den FreudianerInnen hat der Patient immer Recht, er ist traumatisiert! Bei den LacanianerInnen hat er immer Unrecht, er ist in der »jouissance«.

Die »jouissance« ist eine neurotische Position nahe dem Ressentiment und dem Wunsch nach Rache: das Objekt dafür büßen lassen, dass nicht alle Wünsche befriedigt worden sind, und vor allem: die erwartete Befriedigung weiterhin einfordern. Das Konzept der »jouissance« verweist auf den »Fels der Kastration« bei Freud: man ist zum Verzicht nicht bereit. Der entscheidende »Kampf« in der lacanianischen Analyse besteht darin, den Patienten dazu zu bewegen, die Verantwortung für seine »Kastration« zu übernehmen und aufzuhören, Entschädigung zu verlangen.

In dieser Logik wird auch das Ende der lacanianischen Analyse definiert: die analytische Beziehung verkehrt sich in ihr Gegenteil: definitiv auf das verlorene Objekt verzichten, dem Wunsch des Analytikers, die Analyse möge weitergehen, sich verweigern und somit nicht mehr im Begehren des Anderen verfangen sein.

Das Konzept der »jouissance« – Ressentiment, Anspruchlichkeit – geht also nicht davon aus, dass psychisches Leid auf das Versagen der Anderen, der Eltern, der Mutter zurückzuführen ist. Man kann sich als Freudianerin ja in der Tat manchmal fragen, ob es auf theoretischer Ebene Sinn macht, dass wir über unsere Patienten offensichtlich nur noch konfrontiert sind mit unzureichenden Müttern und Vätern. Jedenfalls haben die lacanianischen Kollegen den strukturellen Charakter der beständigen Klagen hervorgehoben: die Mutter, die Eltern, haben nicht genug gegeben und – wenn doch – dann nicht genug »Gutes«; sie haben auch gemeint, dass solche Vorwürfe andere, weniger leicht einzugestehende verbergen, wie zum Beispiel den Penisneid (von Frauen und Männern!).

Sind wir FreudianerInnen zu leichtgläubig hinsichtlich »früher« Traumen, sind die LacanianerInnen zu wenig empfindsam dafür?

Be- und *Verarbeitung* oder sich im Kreis drehen?

Die technischen Konsequenzen dieser unterschiedlichen Sichtweisen sind beträchtlich. Die lacanianischen Kollegen waren nicht davon überzeugt, dass freies Sprechen und das Zur-Verfügung-Stellen einer gleichdauernden Sitzung an sich wegen der möglich werdenden Abfuhr von Affekten und des strukturierenden Übergangs vom Primär- in den Sekundärprozess bereits wohltuende Wirkung hat. Das bedingungslose Zuhören des freudianischen Psychoanalytikers wird gesehen als eine Haltung, die das Risiko läuft, die »jouissance« des Patienten zu fördern, das heißt den sekundären Krankheitsgewinn und die implizite Ansprüchlichkeit, die so oft dem Leiden innewohnt. So lauere die Gefahr, ein »Verarbeiten« mit einem »Sich-im-Kreis-Drehen« zu verwechseln.

In der freudianischen Psychoanalyse verweist das Konzept von *Be-* und *Verarbeitung* auf unterschiedliche psychische Ebenen und Geschehen: je mehr sich das Individuum um ein traumatisches Erlebnis ausspricht, desto eher wird der damit einhergehende Affektbetrag geringer werden – auf diese Weise verhilft Verarbeitung zu Abfuhr – Katharsis –, und zwar über das Teilen psychischen Schmerzes mit der Analytikerin. Immer wieder ein traumatisches

Ereignis herbeizuzitieren, erlaubt der Analysandin auch, dessen Wirkung auf sich besser zu verstehen, sowie die Art und Weise, wie sie dieses in ihre Psyche integriert hat – oder eben nicht. Aber eine solche Bearbeitung von Verletzungen birgt auch die Gefahr, eine Anspruchshaltung zu nähren: »Man hat mir Unrecht getan, ich fordere Entschädigung«.

André Green hatte ebenfalls daran erinnert, dass das Freud'sche *Durcharbeiten*, so wie er es in *Erinnern, Wiederholen, Durcharbeiten* beschrieben hatte, auf das Paradox zurückverweist, dass der Widerstand unweigerlich mit der Untergrundarbeit des Durcharbeitens einhergeht, die ihrerseits wiederum den Widerstand von Innen her aushöhlt. Die Wiederholung erscheint dann als eine Wiederholungs*arbeit*. Um es mit einfachen Worten zu sagen: Durcharbeiten geschieht sowohl im Dienste von Widerstand wie auch im Dienste einer Verarbeitung im Dienste einer potenziellen Aufhebung des traumatischen Erlebnisses.

Die freudianische Analytikerin unterstützt Bearbeitungsprozesse unabhängig davon, ob sie (auch) im Dienste von Widerstand stehen. Die LacanianerInnen meinen dahingegen, dass es sich leicht um ein ewiges Geschwätz im Kreis handelt, voller »unerträglicher« Details aus dem Leben der Patientin!

> »Wenn der Analytiker den Patienten in echte analytische Arbeit verwickeln soll, kann er nicht davor Angst haben, dem Patienten deutlich zu machen, dass das Erzählen von Geschichten, ein Bericht über die vergangene Woche in allen Einzelheiten und andere solch oberflächliche Gespräche nicht den Stoff der Analyse ausmachen [...]. Es ist sicherlich besser, wenn der Therapeut *das Thema wechselt*, anstatt hartnäckig zu versuchen, irgendeine psychologische Bedeutung in den unerträglichen Einzelheiten des Patientenlebens zu finden« (Fink, 2005, S. 36).

Die lacanianischen Kollegen warnten uns: die »Bearbeitung« kann eine »jouissance« in einer heimlichen Übereinstimmung zwischen Analytikerin und Patient in der Ansprüchlichkeit hinsichtlich des unbefriedigenden Objekts sein – genau dies würde dann logisch zu der stets vorgefundenen »Traumatisierung« durch eine unzureichende Mutter führen. Dies ist ein wichtiger Grund dafür, warum die LacanianerInnen den Patienten die Bearbeitungsvorgänge allein verrichten lassen, *zwischen* den Sitzungen, nicht in Präsenz oder *mit* der Analytikerin.

Recht destabilisierend aus freudianischer Perspektive, denn in solcher Optik wäre »Symbolisierung« – als Ergebnis von Be- und Verarbeitung, die im Zentrum der freudianischen Psychoanalyse steht, ja deren Ziel ist, nicht viel anderes als ein von Analytiker und Analysandin geteilter Widerstand gegen das Auftauchen von mehr unbewussten Inhalten. Dank der Alphafunktion der Analytikerin die traumatischen Erlebnisse der Vergangenheit enthüllen, die damit verbundenen Affekte erleben und mitteilen und so einer Bearbeitung zuführen, ist nach Auffassung der lacanianischen Kollegen Psychotherapie, nicht Psychoanalyse, da zugunsten der (unter) stützenden Funktion der Analytikerin der unbewusste Wunsch und Konflikt verhüllt bliebe.

Die Aufmerksamkeit für die Subjektivität der analytischen Begegnung und die Gegenübertragung des Analytikers werden als Widerstand und Ausdruck von *Vorurteilen* angesehen, die verhindern, dass Unbewusstes zutage gefördert werden kann. Vor diesem Hintergrund ist es logisch, dass die LacanianerInnen dem Patienten keinen Raum geben, seine Erzählungen und Assoziationen auszubreiten, damit diese kohärenter und strukturierter werden können. Lacan lehnte eben das »Kohärente« oder »Strukturierte« als Ziel der Analyse ab: strukturiertes Sprechen und Erzählen beruht auf dem Sekundärprozess, einer Leistung des Ichs! Das Misstrauen gegenüber einer narrativen Formgebung erklärt auch, warum es in der lacanianischen Fachliteratur selten extensive Falldarstellungen zu lesen gibt: Ein mehr oder weniger geordneter Fallbericht – Anamnese, Vorgespräche, der analytische Prozess im Verlauf der Sitzungen – sei Ergebnis einer Anpassung des Patienten an das Verständnis des Analytikers, das heißt: dessen Ich. Wir würden hier Informationen über den Analytiker erhalten, nicht aber über den Patienten. So kann sich bei den LacanianerInnen ein »Fallbericht« nur auf die eigene Analyse beziehen – konsequent wird ein solcher Bericht von der Ausbildungskandidatin als Abschlussarbeit in den lacanianischen Instituten verlangt.

Die feste Sitzungsdauer als »garde fou« – Gegenübertragung

In der freudianischen Psychoanalyse gehen wir davon aus, dass die feste Sitzungsdauer eine Art Sicherheitsnetz darstellt: sie schützt den Analytiker vor dem Agieren – z. B. die Sitzung abbrechen –, in der Folge von unangenehmen Affekten oder von mehr oder weniger unbewussten Vorstellungen; solche Gegenübertragung soll der Analytiker bearbeiten und für den Prozess nutzen. Die Tatsache an sich, dass AnalytikerInnen überhaupt Affekte und Vorstellungen haben, räumen die LacanianerInnen ein, aber deren Berücksichtigung wird sehr unterschiedlich gewertet. Die emotionale und affektive Reaktion des Analytikers wird von ihnen recht beißend als »Grimasse« bezeichnet; damit ist gemeint, dass hier im Sinne der »jouissance« der Analytiker sich auf sich selbst und seine Seelenzustände zentriert. Es ist sicherlich nicht ganz von der Hand zu weisen, dass Empathie, Gegenübertragungs- und Containerfunktion, das »Erträumen« des Patienten, mit dessen emotionalen Zuständen vibrieren, in der zeitgenössischen Freud'schen Psychoanalyse stark in den Vordergrund gerückt ist, wobei nach Auffassung der LacanianerInnen empathische Prozesse den Analytiker immer in die Gefahr bringen, unbewusste Prozesse zu übersehen.

Auf der anderen Seite: Die vom lacanianischen Analytiker variabel gehandelte Sitzungsdauer und das mögliche, damit einhergehende Agieren wird von diesen nicht problematisiert, und dies erscheint mir ein erhebliches Versäumnis. Die Lacanianerin kann sich auf keinen schützenden Rahmen stützen, der ihn unter anderem davor bewahren könnte, den Patienten zu verabschieden, wenn er gelangweilt oder sehr bewegt ist, sich angegriffen fühlt, wenn der nächste Patient schon im Wartezimmer sitzt oder weil man vor der nächsten Sitzung noch einen Telefonanruf tätigen will. Und auch: Was würde ihn davon abhalten, den Patienten länger zu behalten, weil dieser so »interessante Dinge« sagt, das heißt, wenn es diesem gelungen ist, den Analytiker zu verführen? Niemand ist vor solchem Agieren gänzlich gefeit, aber man ist es vielleicht ganz besonders wenig, wenn man über die Sitzungsdauer frei verfügen kann.

Die Unterwerfung der freudianischen Analytikerin und ihres Patienten unter eine äußere Realität – die festgelegte Dauer der Sitzung – verweist auf die Ebene des Ichs bei beiden ProtagonistInnen, während die lacanianische Technik, wo die Analytikerin Alleinherrscherin über die Zeit ist, gezielt unbewusstes Geschehen implizieren/auslösen soll. Nun kann man der Auffassung sein, dass die Stärkung des Ichs strukturierend wirkt (FreudianerInnen) oder aber dass eben diese den Zugang zum Unbewussten versperrt und Anpassung zeitigt (LacanianerInnen).

Der analytische Prozess

Lacan sieht den analytischen Prozess wie die hegelianische Dialektik: These und Antithese führen zur Synthese. Durch sein Material präsentiert die Patientin ihre »These« (etwa: »meine Mutter war nicht für mich da«); auf diese These antwortet der Analytiker mit einer dialektischen Umkehrung, die die Patientin damit konfrontiert, was sie verwirft – dies wäre das unbewusste Material. Diese Antithese ebnet für die Patientin den Weg zu einer neuen These, beziehungsweise einer Synthese (Etchegoyen, 2005 [1991], S. 117). Ein solcher Prozess kann diesseits von Übertragung vor sich gehen, – diese würde solche dialektische Prozesse überhaupt behindern – so wie Freud ja auch zunächst gemeint hatte, die Übertragung würde die Erinnerungsarbeit der Patientin stören.

Nach den Fallvignetten zu urteilen, die wir uns im Laufe unserer Gruppenarbeit vorgestellt haben, drückt der Lacanianer die Antithese sehr oft durch Schweigen oder die Beendigung der Sitzung, durch die »Skandierung« aus. Lacan war der Auffassung, dass die freudianischen AnalytikerInnen der Suggestion zu viel Wirkmächtigkeit zukommen lassen: durch die verbale Deutung bringt der Analytiker sein Wissen ein, *sein* Verständnis des Materials, das der Patient ausbreitet, und ein solches Vorgehen trage zur Entfremdung des Patienten bei. Ob der Analytiker seine Deutung vor dem Hintergrund theoretischer Kenntnisse konstruiert oder aber sich auf seine jeweilige Intuition verlässt, in jedem Fall ist seine Deutung seiner Ich-Organisation unterworfen. Um der Vorherrschaft des

Ichs entgegenzusteuern, beschränkt sich die lacanianische Technik darauf, nur zu unterstreichen, zu akzentuieren (»ponctuer«), da wo der Freudianer deuten und auf die darauf folgenden weiteren Verarbeitungsprozesse setzen würde. Dagegen meinen die LacanianerInnen, dass man auf diese Weise unweigerlich der Patientin zu neuerlichem Widerstand verhilft: das, was gerade aufgetaucht war, kann wieder (über Gerede) vergraben werden (Lacan, 1966, S. 339).

Das lacanianische Misstrauen gegen das »Übertragungs-/Gegenübertragungsgeschehen« wird in diesem Zusammenhang verständlich: wenn die Übertragung den Versuch des Patienten darstellt, den Analytiker in eine duale, imaginäre, spiegelnde Beziehung einzubeziehen, um ihn davon abzuhalten, die dialektische analytische Arbeit von Dekonstruktion seiner »Thesen« zu verrichten, dann wäre die Gegenübertragung nichts anderes als eine Übertragung »gegen«.

Der zeitgenössische Freudianer wendet hier ein, dass der Einfluss des Beobachters auf das beobachtete Objekt – entscheidende wissenschaftliche Erkenntnis der Sozialwissenschaften des 20. Jahrhunderts – von den LacanianerInnen völlig vernachlässigt wird. Die Persönlichkeit der Analytikerin, ihres psychisches Geschehen, ihre expliziten und impliziten Theorien, ihre Erfahrung – all diese Faktoren beeinflussen unweigerlich den psychoanalytischen Prozess.

»Sinn«

Man hat mitunter die Psychoanalyse als hermeneutische Wissenschaft (miss-)verstanden (Ricoeur, 2008). Zweifellos ist jedoch der Mensch ein geborener Hermeneutiker: sein Bedürfnis, das, was ihm widerfährt, zu deuten und zu interpretieren, ist unwiderstehlich. Dies ist Grundlage von Kreativität und Vorstellungskraft, aber auch von Überproduktion von Sinn, die ihrerseits verantwortlich für die Bildung von Symptomen ist. Paranoia und Phobie sind schöne Beispiele für solche Überproduktion: Der wenig aufgeschlossene Nachbar wird zum bösen Verfolger, die harmlose Spinne sorgt für groteske Angst.

Sinn und Sinnproduktion sind ebenfalls zwei Kategorien, die

FreudianerInnen und LacanianerInnen jeweils anders einschätzen: Die FreudianerInnen versuchen, mit der Patientin Symptome in ihren symbolischen Sinn zu übersetzen, während die LacanianerInnen das Symptom und den damit eventuell einhergehenden Sinn bloßstellen und dekonstruieren. Sie verhindern aktiv, unter anderem durch die kurze Sitzung, dass die Patientin »Sinn« produzieren kann und setzen in allererster Linie auf Überraschung durch den Signifikanten, da nur dies das Unbewusste der Patientin mobilisieren könne.

Unter dem Eindruck der gemeinsamen Gruppenarbeit haben wir freudianischen KollegInnen uns gefragt, ob die »Sinngebung« seitens des freudianisch orientierten Analytikers vielleicht in der Tat der Willkür zu sehr die Tür öffnet. Lacan verabscheute die Idee der Suggestion (zumindest konzeptuell), was nicht die Position Freuds war. Dieser hatte gemeint: wenn Konstruktionen – deutende Suggestionen – des Analytikers den Patienten nur *überzeugen*, dann haben diese dieselbe Wirkmächtigkeit wie rekonstruierte reale Ereignisse der Vergangenheit (Freud, 1937d).

Freudianisches und lacanianisches Sprechen

Die Handhabung von Sprache in den jeweiligen Strömungen ist radikal unterschiedlich. Die Freudianerin hört auf Assoziationsketten und deutet den latenten Sinn, den diese hervorbringen. Viele Deutungen haben Erklärungscharakter oder zielen auf Vertiefung des auftauchenden Materials: Fragen, Probeideen, ein interaktives gemeinsames Erforschen von Vorstellungen, Fantasien, Affekten.

Da gemäß der lacanianischen Konzeption die *Sprache* das Unbewusste fundiert, wird diese entsprechend gehandhabt: Das Unbewusste ist letztlich überindividuell, dessen Inhalte strukturell, wobei »die Sprache, die sozusagen die des Unbewussten wäre, so gehandhabt wird, als gehöre sie dem Primärprozess an« (Laplanche, 1987, S. 47, eigene Übersetzung). Dies erklärt die so typischen Sprachspiele bei den LacanianerInnen wie auch die Deutung durch bloße Wortassoziationen oder sogar die von Silben (Tischlampe = die Schlampe). Eine solche Art und Weise des analytischen Zuhörens hat nicht viel gemeinsam mit einem Lauschen darauf, was der Patient dem, was ihm geschieht, für einen Sinn verleiht. Die universellen und transindividuellen Elemente von Sprache stehen im Mittelpunkt des technischen Vorgehens.

Beeindruckt hat mich in dieser freudo-lacanianischen klinischen Arbeit die Warnung, dass die starke Betonung von Be- und Verarbeitungsprozessen bei den FreudianerInnen das Risiko mit sich bringt, die »jouissance« des Patienten letztlich zu unterstützen, – diese neurotische ansprüchliche Haltung, dieser »Fels der Kastration«, ist in der Tat ein gewaltiger Widerstand, der Analytikerin und Analysandin gleichermaßen lähmen kann.

Dafür ist meinem Eindruck nach in der lacanianischen Lesart viel zu wenig Platz für notwendige Trauerprozesse hinsichtlich des realen oder fantasierten Objektverlusts, gerade um über eine Anspruchshaltung hinaus zu gelangen. Um solche Trauerarbeit zu realisieren, ist es vielleicht doch erleichternd, nicht allein zu sein, und für die meisten Menschen gehört dazu, von der Trauer zu sprechen und sie zu teilen – um sie zu verarbeiten!

Auch das Ende einer Analyse wird in den beiden Strömungen jeweils anders verstanden. Für die FreudianerInnen ist eine größere psychische Plastizität Ziel der analytischen Kur; für die LacanianerInnen krönt die Umkehrung der analytischen Konstellation das Ende einer Analyse: endgültig auf das verlorene Objekt verzichten, dem Wunsch des Analytikers, dass die Analyse weitergeführt wird, widerstehen und auf diese Weise nicht mehr im Begehren des Anderen gefangen sein.

Laplanche hat mit seinem Konzept von der *allgemeinen Verführung* (1987) und dem *Primat des Anderen* (1997) diesen roten Faden von Lacan aufgenommen. Aber auf originelle Weise hat er in seiner Theoretisierung auch die von Freud so genannte *zärtliche Strömung* berücksichtigt, das heißt Bindungswunsch und –bedürfnis, und wie sich dieses auch im analytischen Raum entfaltet.

5 Die Position des Analytikers aus der Sicht von Laplanche

»Übersetzung« und »Transformierung«

Freud hatte spezifiziert, dass sich unsere Beziehung zum Objekt aus zwei Quellen speist: die zärtliche und die sinnliche Strömung – Bindung im Dienste der Selbsterhaltung und Suche nach Lust.

Bei Laplanche steht ebenfalls die Bindung im Dienste der Selbsterhaltung neben der allgemeinen Verführung. Er schreibt:

> »Die ursprüngliche Beziehung konstituiert sich auf zwei Ebenen: eine reziproke, offene, vitale Beziehung, die man zu Recht interaktiv nennen kann, und eine Beziehung, in der das Sexuelle einbegriffen ist, wo es nicht um Interaktion geht, da die Waage nicht ausbalanciert ist« (Laplanche, 1987, S. 103, eigene Übersetzung).

und:

> »Nun ist der hauptsächliche Ort, um die beim Erwachsenen schlummernde infantile Sexualität *anzuregen*, neben dem Traum vor allem die Pflege des Kindes: diese Situation zeichnet sich gleichermaßen durch Wechselseitigkeit wie Asymmetrie aus. Die Wechselseitigkeit entspricht dem Austausch zwischen Erwachsenem und Kleinkind auf der Ebene der Selbsterhaltung oder der Bindung. Die Asymmetrie kommt daher, dass einzig der Erwachsene in sich ein verdrängtes sexuelles infantiles Unbewusstes beherbergt, und dass sich dieses Unbewusste in die Kommunikation auf der Selbsterhaltungsebene einzuschleichen versucht und sie dabei beinahe unverständlich macht. Genau das nenne ich die an das Kind gerichteten ›rätselhaften Botschaften‹« (Laplanche, 2009, S. 530f.).

Halten wir fest, dass das sexuelle Unbewusste des Erwachsenen das Werden und die Existenz des Kindes auf entscheidendste Weise affiziert. Spätestens bei dessen Geburt sucht der Erwachsene aktiv dagegen anzukämpfen, d. h. die Sexualität, die zur Entstehung des Kindes geführt hat, zu verdrängen: Gerade noch hat das Blut, das Keuchen der niederkommenden Frau, die Beanspruchung des Geburtskanals und insbesondere der Vagina auf die Sexualität verwiesen, da wird das Kind schon adrett in engelhaftes »reines« Hellblau oder Rosa gekleidet, die Erwachsenen reden in »Babysprache«, so als ob jegliche Assoziation zur Sexualität gegenbesetzt wird. Ist das nicht auch Teil von »Urverdrängung«?

Laplanche und Lacan

Hier ein Wort zum entscheidenden Unterschied zwischen Lacan und Laplanche. Beide betonen, weit über Freud hinaus, dass der *Andere* dem Subjekt *vorgängig* ist. Bei Lacan ist es eine Instanz oder eine – zudem nicht dynamisch gedachte – Struktur: der »große Andere« – der die LacanianerInnen in Frankreich geradezu mit Ehrfurcht erzittern lässt, oder »le petit a« – die libidinöse Bewegung, die sich niemals an das ganze Objekt richtet. Man weiß nicht so recht, wer da wohl ein Unbewusstes hat, bzw. wo das Unbewusste hier angesiedelt ist. Zudem ist bei Lacan die Sprache dem Subjekt vorgängig und das Unbewusste sei wie diese strukturiert. Wo da die Leiblichkeit bleibt, ist ein Rätsel.

Bei Laplanche ist es dagegen – ganz klar – der oder die konkrete Andere, der Erwachsene, ausgerüstet mit einem »Es«, das sich selbst ignoriert. Weil die Botschaften in sich widersprüchlich sind und das Kind noch nicht über die geeigneten Codes verfügt, diese zu entschlüsseln, ist der Übersetzungsprozess nie ein vollständiger: immer können nur Teile übersetzt und integriert werden, andere Teile bleiben dagegen unübersetzt. Dieser unübersetzte Rest, so Laplanche, wird *verdrängt* und konstituiert das (neurotische) Unbewusste; die *Abspaltung* unübersetzter Elemente führt zur Bildung des »eingeklemmten« oder »eingeschlossenen« Unbewussten, was tendenziell eher dem psychotischen Geschehen zuzuordnen ist.

Wir sehen hier den großen Stellenwert, den Laplanche dem spezifischen Unbewussten des Subjekts beimisst, und es wäre deshalb völlig unangemessen, Laplanche als einen Lacanianer mit objektbeziehungstheoretischer Ausrichtung zu unterschätzen. Anders als Lacan – und auch Freud – bezieht sich Laplanche auf keinerlei Mythos, weder auf »symbolische Kastration« noch auf den »großen Anderen«. Solche Entitäten sieht er als Ausdruck des hermeneutischen Bedürfnisses beim Menschen, es sind nicht mehr und nicht weniger als kulturell geschaffene Gussformen, Metaerzählungen, um den leiblich-psychischen Realitäten einen sinnstiftenden Rahmen zu geben.

»Übersetzung« und »Alphafunktion«

Es wäre ebenso kurzschlüssig, die von Laplanche herausgearbeitete, dem Kind zukommende »Übersetzungsarbeit« der kompromittierten Botschaften des Erwachsenen mit dem, was in der zeitgenössischen Psychoanalyse »Symbolisierung« mithilfe der »Alphafunktion« bezeichnet wird, gleichzustellen.

»Übersetzen« bei Laplanche heißt nicht einfach »Versprachlichen«, »Sinn geben«, »Zusammenhänge herstellen«, »Gegenwart durch die Vergangenheit erklären«, sondern ist als ein psychischer Integrationsprozess zu verstehen, der auf einer affektiven und imaginativen, meist unbewussten Ebene verläuft. Bei Laplanche wird dieser Prozess vom Analytiker durch dessen verführerisches (»alles sagen«) und damit rätselhaftes Analyseangebot sowie seine Verweigerung von Meta-Interaktion ausgelöst. Er ist nicht dazu da, neuerlicher Übersetzung aktiv beizustehen, so wie es für den Analytiker, der eine Alphafunktion übernimmt, der Fall ist. Wir sprechen im letzteren Zusammenhang davon, dass der Analytiker dem Patienten »seinen psychischen Apparat« zur Verfügung stellt und so wie eine »ausreichend gute« (Winnicott) Mutter das Kind in seinen Entdeckungen aktiv und sinngebend begleitet.

Dagegen ist der Analytiker nach Laplanche dazu da, Repräsentant kompromittierter Botschaften zu sein, was er nur dann sein kann, wenn er sich immer auch versagt, in der Versagung bleibt, aktiv an *Konstruktion* teilzunehmen. »Wir unterscheiden«, schreibt Laplanche,

> »zwischen *Rekonstruktion* in der Analyse (eine dem Analytiker und dem Analysanden gemeinsam zukommende Aufgabe) und der *Konstruktion*, oder einer ›neuen Version‹ des Selbst, das Resultat der Analyse sein kann, aber eine allein vom Analysanden vorgenommene Operation wäre« (Laplanche, 1992, S. 442, eigene Übersetzung).

Dem Unbewussten wird durch Zerlegung, durch Dekonstruktion neuerliche Arbeit auferlegt, es kommt zu einer Wiederkehr des Verdrängten, das seinerseits neuerliche Übersetzung fordert, um mehr von der »kompromittierten Botschaft« zu integrieren; darin bestehe der psychoanalytische Prozess.

Wir sehen hier, dass, anders als bei der Theoretisierung von »Symbolisierung«, bei der »Übersetzung« neues Unbewusstes produziert wird. Wo das unintegriert Gebliebene wieder angeregt wird, aber keine neuerliche Übersetzung findet, kann es sich in verschiedensten Symptomen bemerkbar machen. Dies macht übrigens passagere neue, während des analytischen Prozesses auftretende Symptome verständlich.

Um in Laplanches Terminologie zu sprechen, könnte man jedoch sagen, dass die Erwachsene – und parallel dazu: der Analytiker – sowohl kompromittierte Botschaften aussendet, aber auch als »Übersetzungshelfer« zur Verfügung steht. Inwieweit unterscheidet sich *in der Sitzung* die Funktion der »Übersetzungshilfe« von der von Bion beschriebenen »Alphafunktion«? Mir scheint diese Frage für die daraus folgende Bestimmung der Position der Analytikerin entscheidend. Können wir die unverdauten Empfindungen, die »Betaelemente«, als Äquivalent der »kompromittierten Botschaften des Anderen« verstehen?

Die Alphafunktion besteht in der Fähigkeit der Mutter, die ihr, durch projektive Identifizierung übermittelten Betaelemente des Kindes, also unverbundene Sinneseindrücke, die bei den BionianerInnen nicht »sexuell« definiert werden, in Material (Alphaelemente) umzuwandeln, das so der Traum- und Denkfähigkeit des Kindes zugängig wird. Die Mutter ist durch ihre Fähigkeit zur »rêverie« dazu in der Lage. Freudianisch ausgedrückt, würde man hier vom vorbewussten Geschehen sprechen, das bei Bion allerdings in diesem Zusammenhang die zusätzliche Funktion eines Containers erhält.

Wenn die Mutter in dieser Funktion versagt, gibt sie dem Kind das Projizierte ihrerseits in Form von Betaelementen zurück, was die Verwirrung und Hilflosigkeit des Kindes noch vergrößert. In der klinischen Situation wäre der Analytiker dann dazu da, dem Patienten eine angemessenere Alphafunktion zu bieten, d. h. ihm bei dem Versuch neuerlicher Symbolisierung seines Erlebens hilfreich zur Seite zu stehen, unter Umständen dies statt seiner vorzunehmen.

Dagegen sehen wir bei Laplanche die Bestimmung der Position des Analytikers folgendermaßen: Die Übertragung wird nicht durch die analytische Situation »provoziert«, sondern durch den Analytiker selbst, der – aktiv – sozusagen »nichts anbietet«, aber mit seinem anwesenden Körper eines Erwachsenen, seinem seltsamen Zuhören, rätselhaft ist. Er konfrontiert den Analysanden mit dem »Rätsel«,

> »seinem inneren Rätsel, aber auch mit dem Rätsel des Anderen. In diesem Sinn hat die analytische Übertragung *in ihrer Essenz* nichts zu tun mit der einfachen Übertragung von Gewohnheiten. Sie versetzt das Subjekt in seine Ursprungssituation zurück, jene der Genese der infantilen Sexualität« (Laplanche, 2000a, S. 82, eigene Übersetzung).

Diese Ursprungssituation ist konfliktbeladen, weil das, was vom Kind in die Pflegepersonen ausgelagert wird (das wären sozusagen die Laplanche'schen Betaelemente), immer auch gleichzeitig das von diesen selbst Verdrängte ist, das seinerseits zuvor mit den kompromittierten Botschaften in das Kind implantiert wurde. Die Analytikerin ist gemäß dieser Sicht nicht nur Übersetzungshelferin im Sinne der Alphafunktion, sondern stellt ihrerseits ein neues Rätsel dar. Dies hat Einfluss auf die analytische Technik, wie ich noch weiter ausführen werde.

Die Bestimmung der Position des Analytikers bei Laplanche

Was bedeutet dies alles konkret für den analytischen Prozess und insbesondere die Position des Analytikers? Wie können wir Laplanche's Konzeptionen für uns hinter der Couch fruchtbar machen? Handelt es sich »nur« um ein theoretisches Modell hinsichtlich der Frage, wie sich die Ursprungssituation und die Entstehung des Unbewussten denken lassen, oder geht es um eine präzise Bestimmung der klinischen Haltung des Analytikers? Laplanche gibt uns in diesem Zusammenhang einige Anhaltspunkte. In seinem Aufsatz: »Du transfert: sa provocation par l'analyste« von 1991 präzisiert er die Position des Analytikers – unter anderem unter Bezug auf Vorarbeiten von Guy Rosolato – auf folgende Weise:

Anders als klassisch definiert, handelt es sich bei der Übertragung nicht um eine sozusagen natürliche Bewegung: Etablierung der Übertragung, deren Entfaltung, schließlich der Untergang der Übertragung. Die Übertragung geht der Analyse voraus, sie verweist bereits auf eine neuerliche Aktualisierung unbewusster Rätsel; sie kann sich etwa in einem, dem Erstkontakt mit der Analytikerin vorangegangenen Traum aktualisieren. Häufig beobachten wir zwischen dem Erstgespräch und dem Beginn der Analyse psychische Bewegungen – Fantasien, Träume, Vorstellungen –, die von einer bereits zuvor »lauernden« Übertragung zeugen. Diese Übertragung wird, so Laplanche, gewissermaßen die »Umwelt« der Analyse werden. Solange man darin »badet«, wird man sich seiner Spezifizität kaum bewusst; es sind Brüche, die plötzlich das Besondere zum Vorschein kommen lassen. Die Übertragung ist zunächst nicht anzutasten: sie wird nicht interpretiert, da jede Interpretation notwendigerweise eine Dekonstruktion ist, sie wird durch die Interpretation letztlich als Abwehrvorgang behandelt. Solche Dekonstruktion wäre aber nichts anderes, als den Ast absägen, auf dem man sitzt.

Die Analytikerin hat die Funktion, diese Übertragung in ihrer Entfaltung zu unterstützen, das heißt, ihr implizit eine *Dynamik* zukommen zu lassen. Dies war, nebenbei bemerkt, noch nicht die Konzeption von Freud, der die Übertragung als von unbewussten

– neurotischen – Konstellationen determiniert sah, für die die Analyse keine Verantwortung trägt, jedoch hat er keine *dynamische* Bewegung der Übertragung auf die Analytikerin beschrieben. Die Übertragungsbewegungen im Verlauf der analytischen Kur sind von Freud also nicht als neuen Sinn erzeugende Geschehen angesehen worden.

Laplanche spricht von *dualer* Übertragung, dies vor dem Hintergrund der von Freud beschriebenen zärtlichen *und* sinnlichen Strömung der Objektbeziehung: Selbsterhaltung und sexuelles Unbewusstes, Übertragung im Sinne der Selbsterhaltung, Übertragung im Sinne der infantilen Sexualität.

Nicht die analytische *Situation* als solche erzeugt durch ihre Einrichtung – Couch, Grundregel – Übertragung, wie es klassisch beschrieben wurde, sondern die durch *kompromittierte* Botschaften bestimmte Position des Analytikers. Bei Laplanche heißt es für die Position des Analytikers nicht: »Ich bin nicht der, den sie glauben zu sehen, Sie verwechseln mich mit einem anderen«, sondern eher: »Ich bin das Rätsel, versuchen wir es zu übersetzen«. Es geht also nicht darum, zunächst die »irrealistische« Übertragung anzunehmen, um sie dann sozusagen der Vernunft zuzuführen und damit aufzulösen, letztlich die infantile Sexualität mit ihrer neurotischen Qualität zu reduzieren.

Laplanche unterscheidet die analytische Übertragung scharf von der allgemeinen Übertragung von Haltungen, Erwartungen, von Wiederholung, so wie wir sie im Alltag beobachten können. Die *analytische* Übertragung kann nicht reduziert werden als bloßer Ausdruck der infantilen Neurose, als Wiederauflage von »patterns«, die es aufzulösen gelte. Nach Laplanche verweist die äußere Alterität zurück auf die innere Alterität, auch die des Analytikers! Diese ursprüngliche Szene ist unauflösbar.

Das Angebot des Analytikers geht der Nachfrage der Analysandin voraus. Hier sehen wir die Analogie zur allgemeinen Verführungstheorie von Laplanche: Der Analytiker verführt, ohne es zu wissen, unbewusst, den – »arglosen« – Patienten. Laplanche schreibt:

> »Was bietet der Analytiker an? Was ist die Beschaffenheit der analytischen Situation? Man kann es so formulieren bzw. neuerlich

> formulieren: […] Der Analytiker als Garant von Konstanz, der Analytiker als Steuermann der Methode und Begleiter des Primärprozesses; der Analytiker als Hüter des Geheimnisses und Auslöser der Übertragung« (Laplanche, 1999, S. 430, eigene Übersetzung),

und: »Analytiker: ja Sie können mich für einen Anderen halten, denn ich bin nicht der, der ich meine zu sein; weil ich den anderen in mir respektiere und behalte« (ebd., S. 432). Diese Beibehaltung der Dimension von innerer Alterität in mir, der Analytikerin, ermöglicht die Konstituierung von Alterität in der Übertragung: innere Beziehung, Beziehung zum Kompromittierten, »unbekannte Beziehung«. Dies ermöglicht nach Laplanche nicht nur den »Zugang zur Vielfalt der Wünsche, sondern kreiert, provoziert die Übertragung« (ebd. S. 432, eigene Übersetzung) und führt zu einer Wiedereröffnung der primären Beziehung, wo der Andere dem Subjekt vorausgeht;

> »Eine Wiedereröffnung, denn die Bewegung der Subjektkonstituierung basiert auf einer Verschließung, die nichts anderes als die Verdrängung ist, die Konstituierung der Instanzen, die Hereinnahme des Anderen in das Innere und sein Verschluss in Form des Unbewussten« (ebd., S. 430, eigene Übersetzung).

Der Analytiker ist die personifizierte »kompromittierte Botschaft«, die auf das Ursprungsrätsel der infantilen Neugier zurückverweist und zu neuerlichen Übersetzungen drängt. Hier komme das Infantile wieder zu seinem Recht, ohne dass das Ziel wäre, dieses letztlich als rückständig anzusehen und es reduzieren zu wollen.

Laplanche betont, dass bei diesen Neuübersetzungen der einzige Übersetzer der Analysand ist, die Analytikerin dagegen nur dekonstruiert. Das Subjekt unterliegt, so Laplanche, sowieso einem, von den drängenden kompromittierten Botschaften herrührenden Zwang zu übersetzen und produziert so automatisch Neuübersetzungen. Er schreibt:

> »wenn der analytische Prozess in Analogie mit dem Prozess oder der Art und Weise der Übersetzung gesehen werden kann, dann zielt

die Deutung der Vergangenheit (das Infantile, das Archaische) nicht auf Übersetzung, sondern auf *Ent-übersetzung*, auf den Abbau und die Zurücknahme von Übersetzung. [...] Die *analytische* Deutung besteht darin, eine bestehende, spontane, vielleicht symptomatische Übersetzung aufzulösen, um diesseits davon das wiederzufinden, das sie einst dringend übersetzen wollte, und so eventuell eine ›bessere‹ Übersetzung, d.h. vollständiger, umfassender und weniger verdrängend, zu ermöglichen« (ebd., S. 327f., eigene Übersetzung).

Bündig formuliert er, übrigens in klarer Abgrenzung gegen die Lacan'sche Technik der skandierten Sitzung, dass sich zwei Funktionen ergänzen:

»Garant von Konstanz und Steuermann der Methode. Ohne diese gibt es keine Analyse, und, um es noch zu präzisieren, ohne die zweite [also die des Steuermanns] keine Analyse. Das ist, was auch Freud sagt: die Analyse ist eine Methode, um Zugang zu Phänomenen zu bekommen, die anders praktisch unzugänglich sind. Die Methode zielt auf Zerlegung, ihre Steuerung gehorcht den Strömungen von Primärprozessen. Sie ana-lysiert, das heißt sie löst auf. Sie gehorcht dem Prinzip Null, sie ist die Umsetzung dessen, was Freud auf seine Weise als ›Todestrieb‹ bezeichnet hat; dieser hat nichts von biologisch Totem, sondern führt potentiell zur Auflösung aller psychischen, ich-bezogenen, symptomatischen Konstruktionen. [Wir sehen hier den Lacan'schen Gedanken, dass der Neurotiker oder Psychotiker an einer Überproduktion von Sinn leidet.] Aber als Gegengewicht zu diesem Aspekt von Auflösung und der Befreiung psychischer Energien bietet sich der Analytiker auch als Garant von Konstanz; Behälterfunktion, hat man auch gesagt, Unterstützung: Konstanz von Präsenz, Konstanz von Fürsorge, bewegliche Konstanz, aber aufmerksam für einen Rahmen. *Konstanz* und *Null*, dies sind meiner Ansicht nach die beiden wirklichen Prinzipien des psychischen Geschehens« (Laplanche, 1999, S. 430, eigene Übersetzung).

»Konstanz« muss man, wie Laplanche anderswo erklärt (Laplanche, 1992, S. 97), als optimales ausgewogenes Erregungsniveau verstehen, »Null« als Zerlegung, Dekonstruktion, Abfuhr von Energie. Und:

»Nur weil es den behaltenden Rahmen gibt, ist Analyse möglich. Da an der Peripherie das Konstanzprinzip, eine Homöostase, eine *Bindung* [Deutsch im Original] aufrecht erhalten wird, ist die analytische Entbindung möglich« (ebd., S. 431).

Das Ziel der Analyse definiert er so: »Wir hoffen lediglich, daß der Analysand etwas von der Beziehung zum Unbekannten beibehält und dies außerhalb der Analyse nutzen kann, dies ist das schönste Ergebnis von Analyse« (Laplanche, 1992, S. 430, eigene Übersetzung).

Die Position des Analytikers in der Alltagspraxis

Ich möchte jetzt versuchen, an einem kurzen klinischen Beispiel aufzeigen, was, im Nachhinein betrachtet (und re-konstruiert), im analytischen Prozess Momente neuerlicher Übersetzung rätselhafter Botschaften gewesen sein mögen. Dies ist ein – zugegeben – paradoxes Unterfangen, schließlich sind rätselhafte Botschaften ebenso unbewusst wie es deren Übersetzung ist. Es erscheint mir allerdings möglich, nachträglich auf solches unbewusstes Geschehen rückzuschließen.

Die Patientin ist 50 Jahre alt, als sie mich zum ersten Mal aufsucht. Sie hat, infolge einer ästhetischen Lidkorrektur (lifting) drei Wochen zuvor, geschwollene Augen und erzählt mir in diesem Zusammenhang, dass sie seit dem Eingriff nicht mehr – wie sonst – täglich erbrochen hat, und zwar aus Angst, die Operationsnähte könnten aufspringen. Wie es der sogenannte Zufall will, fällt dieser Zeitraum mit dem zwischen ihrem Anruf für ein Erstgespräch und unserer ersten Begegnung zusammen.

Sie spricht nicht nur von ihrer seit 30 Jahren anhaltenden Bulimie, sondern auch von ihren allgegenwärtigen Selbstmordgedanken; vom Internet hat sie sich die Knotentechnik für sicheres Erhängen heruntergeladen. Nie hat sie mit jemandem zusammengelebt. Ganz kurz zur Anamnese.

Als dreijähriges Kind hatte sie einen Sturz aus dem zweiten Stock des Elternhauses überlebt, eine mehrmonatige Rehabilitierung erfordernd. Die Eltern hatten große Schwierigkeiten, mit der Situation fertig zu werden, sicherlich auch vor dem Hintergrund von Schuldgefühlen. Sie erweist sich als unfähig, sich auszuruhen, und ganz allgemein das Leben zu genießen. Vorangegangenen Psychotherapien haben zu sehr bescheidenen Verbesserungen geführt, wie sie meint. Auch erwähnt sie in den Vorgesprächen, dass sie sich in den Sitzungen »gelangweilt« hätte.

Die von ihr erwähnte »Langeweile« habe ich in Zusammenhang gesehen mit dem Fehlen der Aktualisierung des »Primats« der Anderen, der Analytikerin, in der Übertragung. Die erste Analyse scheint keine neuerliche Übersetzungsarbeit stimuliert zu haben. In der Tat wurde deutlich, dass sich ihre vorherige Analytikerin häufig durch begleitende Interventionen zu Wort gemeldet hatte, sich also als reales Objekt angeboten hatte, welches, wie wir mit Laplanche gesehen haben, ja infolge von Verdrängungsarbeit konstituiert wird.

Vor dem Hintergrund der akuten Suizid-Gefahr habe ich der Analysandin zunächst vorgeschlagen, zweistündig im Sitzen zu arbeiten, um eventuell später auf die Couch überzuwechseln. Wir haben dies zwei Monate so gehandhabt. Ich konnte mir während dieser Wochen erste – relative – Orientierung hinsichtlich ihrer Übertragungsfähigkeit verschaffen – das heißt die Fähigkeit, mit den kompromittierten analytischen Botschaften auch kreativ umzugehen –, sowie zaghaftes Vertrauen entwickeln, dass die Regression auf der Couch nicht unweigerlich in eine negative therapeutische Reaktion mit Suizid am Horizont münden würde.

Kaum »lag« sie dann auf der Couch, war dieses »Liegen« nicht wirklich möglich: sie setzte sich nach wenigen Minuten auf, sagte, sie ertrage es nicht, so still zu liegen. Auch erzählte sie, sie habe in ihrer vorherigen Analyse keine einzige Sitzung liegend verbringen können.

Irgendwann habe ich ihr gesagt, nachdem ich die Dinge schweigend begleitet hatte: »Ich könnte mich auf Sie stürzen«. Auf diese Weise habe ich versucht, auf den Sturz ins Leere zurückzuverweisen, auf die rätselhaften Botschaften der Eltern, die das Kind vor diesem Sturz nicht behütet hatten, ein ebenso erregender wie Todesangst angstauslösender Sturz, der die Eltern erheblich mobilisiert hatte, und der sich in der Übertragung zu aktualisieren schien.

Jedenfalls hat die geduldige Suche nach einer »Übersetzung« dieser Verführung dazu geführt, dass sie einige Wochen später wirklich auf der Couch liegen konnte. Es verging dann noch ein gutes Jahr, bis sie ertrug, dass ich, und nicht sie, die Sitzungen beendete. Ihr Bestreben, jeden »Sturz« zu vermeiden, hatte deutlich abgenommen. Das »Primat« des Anderen hatte eine neue Färbung angenommen: der analytische »Zwang« wurde nicht mehr übersetzt als drohende Auslieferung an einen Sturz, hatte jetzt mehr den Charakter einer »rätselhaften« Verführung, mit mir auf ihre Assoziationen zu lauschen.

Im Dienste des guten Verständnisses werde ich jetzt noch vier weitere Stationen des analytischen Prozesses skizzieren, wo vielleicht eine neuerliche Übersetzung kompromittierter Botschaften stattgefunden hat – wiederum durch eine nachträgliche Analyse hier herausgeschält –, sowie meine Position als Analytikerin in diesem Zusammenhang.

Erstes Agieren

Das Rätsel, das die Analytikerin zu verkörpern schien, war zu beunruhigend für die Analysandin. Ein erster Versuch, dieses Rätsel weniger bedrohlich zu machen – ein Versuch, der erhebliche Schuldgefühle hervorrief und von dem sie in den Sitzungen nicht gesprochen hatte – war, mein Alter zu erfahren. Dies entsprach sowohl ihrem eingestandenen Wunsch, ich möge älter sein als sie, also eine Elternfigur für sie darstellen, andererseits war es auch ein neugieriges Eindringen in das Rätsel meiner Intimität, letztlich die Urszene. Bei der Stadtbehörde gab sie vor, wegen einer Erbangelegenheit mein Geburtsdatum wissen zu müssen.

Ich habe dieses Agieren nicht gedeutet, da ich diesen, ihr selbst rätselhaften Versuch, meinem Rätsel näher zu kommen, nicht durch Sinngebung verschließen wollte.

Die Suizidalität

Wiederholt sprach sie in den ersten beiden Analysejahren von ihrem Strick zu Hause, der Knotentechnik. Ich habe dazu – lediglich? –

gesagt, dass sie im Falle von Suizid ihre *Analyse bei mir* nicht mehr würde fortsetzen können. Vage war ich mir der Rätselhaftigkeit meiner Feststellung bewusst. Etwas scheint sie damit angefangen zu haben, jedenfalls spricht sie seit einem Jahr nicht mehr von Suizid. Letztens meinte sie, sie denke jetzt nicht mehr an Tod, sondern an die Frage, wie sie denn leben könne: Rätselhafte Frage an eine rätselhafte Analytikerin, die keine Antwort hat.

Sexuelle Identifizierung und sexuelle Orientierung

Die Patientin, ich sagte es bereits, hatte in der Vergangenheit keine kontinuierlichen Beziehungen gehabt. Sie sagte, sie sei sich nicht sicher, ob sie weiblich genug wäre, um einen Mann zu interessieren.

Wie Laplanche schreibt:

> »Ich arbeite über primäre Identifizierung, indem ich von der Frage des Geschlechts ausgehe: die Zuweisung von Geschlecht. Das Geschlecht wird dem Individuum vom Anderen zugewiesen. Ich versuche zu zeigen, dass das, was Freud die primäre Identifizierung mit dem ›Vater der persönlichen Prähistorie‹, oder was Lacan die primäre symbolische Identifizierung nennt, nicht heißt: ›Ich identifiziere mich selbst, sondern eine Identifizierung *durch* den anderen. Der andere *identifiziert mich*‹« (Laplanche, 2000b, o. Seitenangabe, eigene Übersetzung).

Einen ersten Versuch, sich mit mir zu identifizieren (sie hatte bald eine ähnliche Frisur wie ich), hat sie rasch aufgegeben, so kann man keine Rätsel lösen. Das erste Ergebnis ihrer neuerlichen Übersetzung war ein Verhältnis zu einem Mann, der sie unter anderem wegen ihrer Magerkeit begehrte, aufzulösen (ich erinnere hier daran, dass sie seit Jahrzehnten magersüchtig war und der Vater sehr schlanke Frauen bevorzugte).

Dies zeugte von ihrer neuen Positionierung in einem inzestuös gefärbten Beziehungsgefüge und einer Infragestellung ihrer Antwort auf eine der primären Verführungen: mager sein.

»Verdauungsschlauch«

In der Tat hatte der Vater großen Wert darauf gelegt, dass die Töchter schlank sind. Er hatte sie häufig, wenn er sie beim Essen sah, »bloße Verdauungsschläuche« genannt. Man erkennt unschwer, wie sehr sie ihr ganzes Leben versucht hat, die väterliche rätselhafte Botschaft auf ihre Weise zu übersetzen. Jetzt ging es um die Frage, wie sie sich selbst lieben könnte, wenn sie ihre alte Übersetzung aufgäbe, etwa nicht mehr durch Bulimie mager sein? Was könnte sie dem Anderen bieten, wenn es kein magerer Körper wäre? Rätsel über Rätsel, die sich in der Übertragung aktualisieren als wiederholte Frage, ob ich sähe, dass sie morgens in die Analyse mit einem »komischen Kopf« kommt. Ich habe ihr auf diese Frage natürlich keine Antwort gegeben.

Eine solche Position des Analytikers, da bin ich mit Laplanche in vollkommener Übereinstimmung, ist nur vor dem Hintergrund größter Konstanz des psychoanalytischen Rahmens möglich, mit all dem was er an Halt, Gegenwart und Äquivalent früher mütterlicher und väterlicher Funktionen im Sinne der Selbsterhaltung repräsentiert.

Analytische Technik und Theorie werden in der analytischen Institution bewahrt, weiterentwickelt und in der Ausbildung vermittelt. Dies geschieht in den Seminaren und Arbeitsgruppen des analytischen Instituts, aber vor allem durch die eigene analytische Kur: diese besteht in allererster Linie in der persönlichen Erfahrung der Macht der Übertragung. Dies ist eine unumgängliche Besonderheit der analytischen Ausbildung, was eine ganz entscheidende Auswirkung auf die Struktur aller analytischen Institutionen hat. Dies gereicht der Psychoanalyse schwer zum Nachteil. Die aufgrund der Übertragungsphänomene ganz außerordentliche Idealisierung oder Entidealisierung bestimmt die Beziehung der Mitglieder zu ihrer Institution, was intellektuelle Lebendigkeit und Unabhängigkeit verhindert und normatives Denken fördert. Selbst innerhalb der Internationalen Psychoanalytischen Vereinigung wird dies immer wieder unterstrichen, ohne aber dass alternative Organisationsformen gefunden worden wären.

6 Die psychoanalytische Institution – eine autoritäre Sekte?

Ich vertrete die These, dass das Geschehen in den meisten psychoanalytischen Gesellschaften der Welt, vor allem in den Ausbildungsausschüssen, vom Erbe der Übertragungsbeziehungen zu Freud geprägt ist. Diese blieben nicht nur unanalysiert, vielmehr hatte Freud zur Bewahrung des Kerns der Psychoanalyse ein »Geheimes Komitee« mit seinen Schülern gegründet. Vor dem Hintergrund der Vielfalt in der zeitgenössischen Psychoanalyse können die weiterhin wirksam bleibenden Übertragungsbeziehungen auf diese institutionellen »Urszenen« kritisch infrage gestellt werden, denn wir verfügen nicht mehr über eine verbindliche Vorstellung dessen, was die »wirkliche« Psychoanalyse ist. Die Kriterien für die Zulassung und Bewertung von KandidatInnen und ausgebildeten PsychoanalytikerInnen sind deshalb unklarer denn je.

Rückschau auf die Geschichte der analytischen Institution

Nach seiner Zusammenarbeit mit Fließ und Breuer hatte Freud einen gewissen Bekanntheitsgrad in Wien erlangt, dies vor allem nach der Veröffentlichung der *Traumdeutung* (1900a). Einzelne Personen aus seinem Umkreis zeigten sich interessiert, um die entstehende Psychoanalyse besser zu verstehen, und bald bildeten sie eine Gruppe um Freud. Einer Idee Stekels folgend (Jones, 1962, S. 20–21), lud Freud im Jahre 1902 einige dieser Männer ein, um die berühmte »Mittwochsgesellschaft« zu gründen. Er schrieb in diesem Zusammenhang:

> »Vom Jahre 1902 an scharte sich eine Anzahl jüngerer Ärzte um mich in der ausgesprochenen Absicht, die Psychoanalyse zu erlernen, auszuüben und zu verbreiten. Ein Kollege, welcher die gute Wirkung der analytischen Therapie an sich selbst erfahren hatte, gab die Anregung dazu. Man kam an bestimmten Abenden in meiner Wohnung zusammen, diskutierte nach gewissen Regeln, suchte sich in dem befremdlich neuen Forschungsgebiete zu orientieren und das Interesse anderer dafür zu gewinnen« (Freud, 1914d, S. 63).

Diese Gruppe fußte auf dem Interesse für die entstehende Disziplin, nährte sich allerdings auch von der Übertragung auf Freud – deren Schöpfer, in einigen Fällen war er auch der ehemalige oder aktuelle Analytiker dieser ersten Schüler. Von diesem Zeitpunkt an und während der nächsten zehn Jahre näherten sich die meisten dieser Männer Freud immer mehr an und schrieben das erste Kapitel der Geschichte der psychoanalytischen Bewegung: Stekel, Adler, Eitingon, Jung, Abraham, Ferenczi und Rank (ebd.).

So wie in allen Gruppenkontexten tauchten rasch Konflikte auf. Freud berichtete:

> »Es gelang mir nicht, unter den Mitgliedern jenes freundschaftliche Einvernehmen herzustellen, dass unter Männern, welche dieselbe schwere Arbeit leisten, herrschen soll, und ebenso wenig die Prioritätsstreitigkeiten zu ersticken, zu denen unter den Bedingungen der gemeinsamen Arbeit reichlicher Anlass gegeben war. Die Schwierigkeiten der *Unterweisung* in der Ausübung der Psychoanalyse, die ganz besonders groß sind und an vielen der heutigen Zerwürfnisse die Schuld tragen, machten sich bereits in der privaten Wiener psychoanalytischen Vereinigung gelten« (ebd., S. 64, eigene Hervorhebung).

Halten wir hier fest, dass Freud die großen Schwierigkeiten im Zusammenhang der Vermittlung (»Unterweisung«) der analytischen Technik ansiedelte.

Während des psychoanalytischen Kongresses in Nürnberg im Jahre 1910 wurde die *Internationale Vereinigung der Psychoanalyse* gegründet. Freud hatte auf eine formalisierte Organisation der psychoanalytischen Bewegung gedrängt und auch auf die Schaffung einer Instanz, die darüber entscheiden können sollte, was zur Psychoanalyse gehöre und was nicht; damit ging zwangsläufig die Definition einher, wer sich als »Psychoanalytiker« würde bezeichnen können und wer nicht. Freud schrieb dazu:

> »Die Form einer offiziellen Vereinigung hielt ich für notwendig, weil ich den Missbrauch fürchtete, welcher sich der Psychoanalyse bemächtigen würde, sobald sie einmal in die Popularität geriete. Es sollte dann eine Stelle geben, welcher die Erklärung zustände: Mit all dem Unsinn hat die Analyse nichts zu tun, das ist nicht die Psychoanalyse. In den Sitzungen der Ortsgruppen, aus denen sich die internationale Vereinigung zusammensetzte, sollte gelehrt werden, wie die Psychoanalyse zu betreiben sei, und sollten Ärzte ihre Ausbildung finden, für deren Tätigkeit eine Art von Garantie geleistet werden konnte« (Freud, 1914d, S. 85f.).

Wir wissen, dass dies auch heute die Hauptfunktion der IPV ist.

Nach den ersten Brüchen, vor allem dem mit Jung, wurde im Jahre 1912 eine bedeutungsvolle Maßnahme ergriffen. Auf einen Vorschlag von Ernest Jones hin wurde ein »Geheimes Komitee« am Rande der internationalen Instanzen gegründet[21]. Das Komitee wurde gebildet von Freud und zunächst fünf seiner wichtigsten Kollegen: Ernest Jones, Karl Abraham, Hanns Sachs, Otto Rank, Sandor Ferenczi – später kam Max Eitingon dazu.

Freud gründete dieses Komitee nach dem Bruch mit Adler, Stekel und Jung, um eine Art heilige Union zu besiegeln, und verteilte an alle Mitglieder einen Stein, um diesen auf einen Ring zu schmieden. Ferenczi hatte darüber hinaus vorgeschlagen, dass die Mitglieder dieser Gruppe von Initiierten alle von Freud persönlich analysiert werden sollten, damit »die reine Theorie, nicht denaturiert von persönlichen Komplexen« (Kupermann, 2002, S. 77, eigene Übersetzung) erhalten bliebe. Sándor Ferenczis Brief vom 1. Dezember 1919 an Max Eitingon spricht die Zielsetzung unverhohlen aus:

---

21 Die Geschichte des Komitees kennen wir im Detail dank der Studien von Phyllis Grosskurth (1991) und Michael Schröter (1995)

> »Zwar sind die Statuten unserer Gemeinschaft niemals in Worte gefasst worden, doch glaube ich, dass es sich in erster Linie darum handelt, Freuds Werk möglichst *unverändert* zu erhalten. Alles, was er uns sagte und sagen wird, muss also mit einer Art Dogmatismus gehegt werden, auch Dinge, die man vielleicht geneigt wäre anders auszudrücken. Wie oft musste ich nachträglich einsehen, dass die von ihm gegebene Erklärung doch die tiefste und zureichendste war« (Ferenczi, 1919, in: Wittenberger & Tögel 1999, S. 40).

Die Fähigkeit, auf eine eigene Idee zugunsten der zentralen zu verzichten, ist also eine der Hauptbedingungen, an die die Mitgliedschaft des Komitees geknüpft war. Ein solcher Verzicht auf eigenes Denken kann auf die Macht der Übertragung und deren institutionelle Verankerung im Komitee zurückgeführt werden.

Ab dem Jahre 1913 tauschten die Mitglieder des Komitees regelmäßig geheime wöchentliche »Rundbriefe« aus, in denen es unter anderem um Kongresse und Komitee-Sitzungen, Übersetzungen von Freuds Schriften, Finanzfragen, die Redaktionspolitik der Zeitschriften, Buchbesprechungen, Ausbildungsfragen, Personalpolitik, Ereignisse in den örtlichen Zweigvereinigungen und hin und wieder auch um Persönliches ging (Wittenberger & Tögel 1999). Das Komitee existierte von 1912 bis zu seiner Auflösung im Jahre 1920, seinerseits von inneren Spannungen ausgehöhlt.

Beim Reflektieren dieser Anfänge, der Entwicklung und dem Geschehen in analytischen Institutionen folge ich der bereits von anderen formulierten Hypothese, nämlich dass das Funktionieren der meisten zeitgenössischen psychoanalytischen Gesellschaften von solchen unangetastet gebliebenen Übertragungsbeziehungen gefärbt ist. Hier liegt auch der tiefere Grund für die – problematische – Wahrnehmung unserer Vereinigungen als eine Art von Sekte. Ich werde versuchen, diese Hypothese zu erhärten.

Ausbildung heute – Diversität

Wie wir wissen, werden wir heute nicht mehr von Freud analysiert. Aber seit Freud ist die Psychoanalyse doch stets lebendig von der

Analytikerin zur Analysandin vermittelt worden. Diese Vermittlung ist unweigerlich von generationenübergreifenden Übertragungsphänomenen geprägt, und jede Analytikerin ist auf gewisse Weise eine Nachfahrin von Freud. Die Vermittlung von Psychoanalyse vollzieht sich nicht durch bloße theoretische Er- und Verarbeitung, vielmehr innerhalb der Kur selbst, wobei der Kandidat nicht nur lernen will, sondern auch getragen ist von der Suche nach Heilung – was die Schuld gegenüber dem »Meister« noch erhöht.

Die allgegenwärtigen Übertragungsphänomene werden auch heute durch deren institutionelle Verankerung verstärkt: Soweit ich überblicke, verlangen alle psychoanalytischen Gesellschaften außer der *Association Psychanalytique de France* (APF), dass die KandidatInnen sich von einem Mitglied der Ausbildungsinstitution analysieren lassen, zumindest von einem Analytiker derselben Ausrichtung, und dort wo noch ein Unterschied zwischen einer »normalen« Analyse und einer Lehranalyse gemacht wird, muss man einen Analytiker einer bestimmten Kategorie wählen: den Lehranalytiker. Die Idee der Lehranalyse geht auf den initialen Vorschlag von Ferenczi zurück: Wenn man sich schon nicht *vom* »Meister« analysieren lassen kann, dann wenigstens von *einem* Meister. Die Verbindung zwischen Freud, dem persönlichen Analytiker und der Vermittlung der Psychoanalyse wird so festgezurrt. Allerdings beruht die Unterscheidung zwischen persönlicher Analyse und Lehranalyse auf keinerlei psychoanalytischen Kriterien und ist aus diesem Grund von vielen analytischen Gesellschaften abgeschafft worden.

Seit der großen Auffächerung und der entsprechenden Vielfalt der Theorie der analytischen Technik (Tuckett, 2005) ist es schwierig geworden, diese institutionelle Tradition zu verteidigen, die ja auf der Idee einer *Überlegenheit* einer bestimmten Vorgehensweise basierte. Wallerstein hatte folgende Minimaldefinition der zeitgenössischen Psychoanalyse vorgeschlagen: »Das, was uns noch verbindet, ist unsere gemeinsame Aufmerksamkeit für die klinischen Interaktionen in unserer Praxis« (Wallerstein, 1988, S. 19, In Cremerius, 1990, S. 129, eigene Übersetzung).

Mit Kuhn (2008) lässt sich feststellen, dass die Psychoanalyse durch diese Öffnung den Status einer »normalen Wissenschaft«

erlangt hat. Dies muss uns AnalytikerInnen die Frage stellen lassen, was die analytische Institution ausmachen soll, was sie verteidigen will, dies vor allem auch auf der Ebene der Ausbildung, an deren Beginn die Prüfung zur Eignung als Schwelle steht.

Der Analytiker in der Institution

Das Auswahlverfahren, das der Ausbildung voraus geht, wird von vielen Postulanten als wahre Prüfung erlebt, so sehr ist das Projekt, Analytikerin zu werden, besetzt und von Übertragungsbewegungen gefärbt. Die Tatsache, dass wir vor dem Hintergrund unseres psychischen Geschehens evaluiert werden, macht uns auf der narzisstischen Ebene ganz besonders verletzlich. Wir haben abgewartet, was den »richtigen« Zeitpunkt zur Bewerbung zur Ausbildung angeht, vielleicht hat sich der Ausbildungsbeginn aufgrund der Entscheidung des Ausbildungsausschusses zunächst verzögert – dies sind Vorbedingungen für ein berufliches und institutionelles Leben, in dem die affektive Besetzung eine ganz besondere Bedeutung hat: Wir arbeiten mit unserem Wissen, aber auch mit unserer Psyche, unserer Persönlichkeit in ihrem Gesamt. Jede Diskussion über die analytische Arbeit in der Ausbildung und danach berührt uns deshalb auf intimstem Niveau.

In der Regel ist die Institution in ihrem Gesamt besetzt, sie wird zu einem inneren »gruppalen Objekt«, ein innerer Gesprächspartner, auf den sich der Analytiker während seines gesamten beruflichen Lebens beziehen wird, entweder positiv oder negativ, in den meisten Fällen auf recht ambivalente Weise. Die Institution charakterisiert sich durch ein Geschehen, das große Ähnlichkeiten mit einem familiären System aufweist:

> »Das familiäre Geschehen nährt sich von ›Übertragungsfamilien‹, zunächst konstituiert durch die jeweilige ›Abstammung‹ über die persönliche Analyse mit einem Mitglied der Institution. Und dann: Vor dem Hintergrund der Tatsache, dass wir zwei, manchmal drei psychoanalytische Erfahrungen gemacht haben, dass wir unsere Kinder, unsere Freunde und manchmal unsere Eltern den Kollegen der In-

> stitution schicken, dass wir in unseren Praxen zukünftige Kollegen empfangen sowie die Kinder oder Angehörige von Kollegen, bildet sich ein extrem ausgefeiltes Verwandtschaftssystem, eine Vermischung zwischen reellen, quasi ›biologischen‹ Beziehungen und den psychologischen Bindungen infolge der psychoanalytischen Begegnungen. Mit der Ausweitung der analytischen Erfahrung hin zur Situation der Supervision werden die Übertragungsfamilien unumgänglich für das Verständnis der sozialen Beziehungen. Übertragungen, Übertragungsreste oder Nebenübertragungen (entlang der Vermittlungskette von Analytikern und Supervisoren) nähren beständig diese ganz besondere Geographie. Der Umgang mit Macht kann nur entziffert werden mithilfe von solcher Genealogie entlang mehrerer Generationen von Analytikern« (François-Poncet, 2006, S. 1010, eigene Übersetzung).

So gelangt die Kandidatin also in eine recht komplex konstituierte Gruppe. Verfolgen wir seinen Werdegang aus der Nähe: Wenn dieser sein Anliegen nach Ausbildung formuliert, um Analytikerin zu werden, hat sie in den allermeisten Fällen den Eindruck, sich gegenüber einer Art geschlossener Gesellschaft zu befinden, die nur wenig einer klassischen wissenschaftlichen Vereinigung ähnelt. Vor und nach der Zulassung bleiben die Übertragungsprozesse vielfältig, zunächst in erster Linie die Übertragung auf die persönliche Analytikerin, die sich dann erweitert zu Nebenübertragungen auf die SupervisorInnen, zur Übertragung auf die Institution und schließlich auf die Psychoanalyse selbst.

In der persönlichen Analyse innerhalb eines Ausbildungsprojekts gesellt sich zur »gewöhnlichen« Übertragung das explizite Anliegen der Kandidatin, so wie ihre Analytikerin zu werden, nämlich Analytikerin! In den allermeisten Fällen spielt die Analyse dieses spezifischen Aspekts der Übertragung eine wichtige Rolle, was aber nicht verhindert, dass, um Analytikerin zu werden, unterschiedliche Identifizierungen unverzichtbar und wünschenswert sind. Die Kandidatin vermerkt rasch – oft ohne dass ihr dies bewusst ist – die spezifische persönliche Art und Weise, wie ihre Analytikerin in der Sitzung funktioniert. Diese arbeitet vor dem Hintergrund ihrer individuellen Verarbeitung der eigenen analytischen Erfahrungen und ihres persönlichen Verständnisses der analytischen

Theorie. Die Analysandin wird – vielleicht auf immer – von dieser »Ausbildungs«-erfahrung geprägt sein.

Um nicht eine Art Gefangene der spezifischen Erfahrung mit nur einer Analytikerin zu sein, sind sowohl die Arbeit in der Supervision als auch die Nebenübertragungen auf die SupervisorInnen hilfreich, und es wird vermieden, dass wir Jünger hervorbringen. Supervisionen helfen der Kandidatin nicht nur, einen persönlichen analytischen Stil zu finden, sie helfen ihr vielmehr auch, sich von dem der eigenen Analytikerin freier zu machen.

Bedenken wir noch einen weiteren Übertragungsaspekt, der bereits in der Ausbildung gegenwärtig ist, aber eine andere Dimension nach dem Ende der Ausbildung annimmt: dann wenn wir Mitglieder der Gesellschaft geworden sind. Es handelt sich um ein Phänomen, das nur selten in der Reflektion über unser Funktionieren in unseren Institutionen berücksichtigt wird: die Übertragung auf die Psychoanalyse selbst. Freud hatte gemeint: »In der Regel hat die Psychoanalyse den Arzt entweder ganz oder gar nicht« (Freud, 1933a, S. 164).

Wenn wir uns unsere erheblichen Aktivitäten vergegenwärtigen – Veröffentlichungen, Vorträge, Teilnahme an Tagungen und Kongressen – können wir uns fragen, ob wir nicht in dieser (Über-)besetzung der Psychoanalyse Spuren unserer alten Übertragungslieben für unsere AnalytikerInnen und unsere SupervisorInnen finden, jetzt in der Form von »wissenschaftlicher Übertragungsliebe«. Die Bildung von Untergruppen innerhalb unserer analytischen Gesellschaften, von Clans, gebildet von AnalytikerInnen und ihren AnalysandInnen, SupervisorInnen und ihren SupervisandInnen können vor allem die Funktion haben, unsere alten Übertragungslieben in neuem Gewand zu schützen und zu perpetuieren. Dies hat wichtige Auswirkungen auf das Leben in der Institution.

Das Leben in der Institution – Regression, Geheimnis, Urszene, Clans

Das analytische Vorgehen, welches auf Übertragung beruht, prägt in großem Ausmaß das Leben in der Institution, und es ist schwierig, sich vorzustellen wie es anders sein könnte. Unsere Art und Weise zu kommunizieren, unsere Evaluierungskriterien beruhen auf der analytischen Erfahrung, denn die Kur und die Vermittlung ihrer Ausübung bilden den Hauptgrund für die Existenz unserer analytischen Institution. Auch wenn sich mit zunehmender klinischer Erfahrung unsere metapsychologischen Überzeugungen verfestigen, so bleiben wir aufgrund unserer nur wenig »*evidence-based*« Tätigkeit doch immer *Zweifeln* ausgesetzt: Und da es keinen allgemeinen Konsens über die Essenz der Psychoanalyse mehr gibt (falls es diesen je gab), ist jede klinische Diskussion über den analytischen Prozess von diesen Zweifeln geprägt. Dies verstärkt noch das Gewicht von Übertragungsbewegungen in unserem Leben als AnalytikerInnen in der Institution und ist einer der Gründe dafür, warum jede Versammlung in unseren Gesellschaften potenziell eine Tendenz zur Regression hinsichtlich der eigentlichen Ziele auslöst: Bei jedem Treffen befinden wir uns im selben Raum mit unserem aktuellen oder ehemaligen Analytiker – oder mehreren ehemaligen AnalytikerInnen – unseren AnalysandInnen, unseren SupervisorInnen und SupervisandInnen, unseren älteren KollegInnen, die vielleicht verehrt, gefürchtet, oft idealisiert werden. Bei den wissenschaftlichen Zusammenkünften gibt es diejenigen, die das Wort ergreifen und jene, die das nicht – oder noch nicht – wagen. Erwachsene, die in ihrem sonstigen beruflichen und privaten Leben durchaus ihren Mann oder ihre Frau stehen, unterliegen Hemmungen, die sie nirgendwo außerhalb der analytischen Institution lähmen. Die regressiven Phänomene sind eindeutig, vielleicht unvermeidlich, und die Infantilisierung, die ungerechtfertigterweise oft dem Wirken der »Meister« zugeschoben wird, ist das Resultat davon.

Betrachten wir auch das Beispiel der Frage, die alle in der Institution interessiert: wer wurde von wem analysiert? Warum erscheint uns die Antwort ebenso erregend wie aufklärend? Wir wissen doch eigentlich, dass ein Analytiker seine AnalysandInnen nicht *fabriziert*? Im Gegenteil, mit zunehmender Erfahrung müssen wir uns eingestehen, dass der Einfluss der psychoanalytischen Erfahrung gar nicht so erheblich ist, wie wir uns das eigentlich wünschen.

»Man hat den Eindruck«, schrieb Freud,

> »dass man nicht überrascht sein dürfte, wenn sich am Ende herausstellt, dass der Unterschied zwischen dem nicht Analysierten und dem späteren Verhalten des Analysierten doch nicht so durchgreifend ist, wie wir es erstreben, erwarten und behaupten« (Freud, 1937c, S. 72).

Es ist also nicht möglich anzunehmen, die Analytikerin hätte die Macht, ihren Analysanden zu modellieren. Die Frage: »Wer wurde von wem analysiert?« könnte rückverweisen auf die Idee, dass der Kandidat seinen Analytiker gemäß eines bestimmten Profils wählt. Diese Profile könnten konzeptueller Art sein: »die FreudianerInnen«, »die KleinianerInnen«, »die Post-KleinianerInnen« »die BionianerInnen«, »die LacanianerInnen«. Unsere Neugier verweist vielleicht auch auf die Erregung in Angesicht einer – analytischen – Urszene, die wir sozusagen durch das Schlüsselloch betrachten: Der strikt persönliche Charakter der analytischen Situation, das Arztgeheimnis und der explizite Schutz der Kur im Rahmen der Ausbildung tragen zu dem Eindruck bei, dass wir etwas in Erfahrung bringen wollen, was eigentlich verboten ist, deshalb sprechen wir auch nur leise darüber.

Die Frage: »wer supervidiert wen?« wird dagegen mit mehr Unbefangenheit gestellt, auch wenn diese Beziehungen ebenfalls dazu beitragen, eine quasi familiäre Atmosphäre herzustellen mit der damit einhergehenden Mobilisierung der infantilen Sexualität. Alle, die mit der Institution zu tun haben – der Bewerber, der Kandidat, das außerordentliche und ordentliche Mitglied –, sind unweigerlich dieser Realität ausgesetzt, und dies nimmt eine spezifische, oft problematische Bedeutung im Moment der Evaluierungen an.

Evaluierung

Es ist eine Tatsache, dass man Kandidat vor dem Hintergrund der Evaluierung seines psychischen Geschehens wird. Auch als Mitglied der Institution werden wir beständig von unseren KollegInnen evaluiert, dies bezogen auf eine Arbeit, die wir mittels unseres psychischen Geschehens verrichten. Dies nährt die Ambivalenz der Analytikerin hinsichtlich ihrer Institution. Indessen:

> »Es ist ja gerade die Hauptrolle der Institution, Bewertungskriterien für die Praktiken zu entwickeln und diese anzuwenden. Die *Ausbildung*, die normalerweise als harter Kern der psychoanalytischen Institutionen gilt und wegen derer diese sich konstituieren und zerfleischen, – die Ausbildung also – ist untrennbar von einer impliziten oder expliziten Konzeption von Evaluierung« (Dejours, 2006, S. 948, eigene Übersetzung).

Die Evaluierung ist eine unvermeidliche Zumutung und nicht verwerflich an sich. Außerdem: »Wenn es uns nicht gelingt, zu einer Übereinstimmung hinsichtlich der Frage, was eine kompetente psychoanalytische Praxis ist, zu gelangen, dann folgt daraus, so scheint mir, dass im Grunde ›alles geht‹, mit vielen negativen Konsequenzen« (Tuckett, 2005, S. 32, eigene Übersetzung).

Nicht nur die BewerberInnen um die Ausbildung und die KandidatInnen werden evaluiert, die Mitglieder und die AusbildungsanalytikerInnen ebenfalls, und dies permanent: die einfachen Mitglieder in ihren Arbeitsgruppen, die AusbildungsanalytikerInnen durch die KandidatInnen. Solche Evaluierung ist allerdings durchaus nicht objektiv (ebd. S. 33, eigene Übersetzung), und sie ist auch nicht unbedingt immer von Wohlwollen getragen. Dies ist umso problematischer als die Evaluierung sich auf Aspekte bezieht, die nicht leicht zu fassen sind: Wie kann man die Qualität der Arbeit eines Analytikers abschätzen, ohne jemals das »Produkt« seiner Tätigkeit begutachten zu können?

»Um Unsichtbares sichtbar zu machen, gibt es nur einen einzigen Weg: den Bericht des Analytikers über seine Praxis« (Dejours, 2006, S. 951, eigene Übersetzung). Aber es gibt keine Messtabelle, die erlauben würde, das Sprechen des zu evaluierenden Analytikers zu verorten. Außerdem mischen sich unsere eigenen Präferenzen und theoretischen und klinischen Überzeugungen in unsere Urteilsfähigkeit ein, was eine angemessene Evaluierung eines Bewerbers, eines Kandidaten oder eines Kollegen – positiv oder negativ – beeinflussen kann; negativ vor allem dann, wenn dieser andere technische und metapsychologische Referenzen hat als man selbst.

Jede Analytikerin gehört zunächst aufgrund der mehrheitlichen Ausrichtung der Ausbildungsinstitution einer »Schule« an und muss ihre eigenen Erfahrungen und deren Verständnis mit anderen AnalytikerInnen der gleichen »Schule« und deren Sicht der Dinge konfrontieren, der der SupervisorInnen und der der KollegInnen. Aus solcher Konfrontation entsteht ein Raum von Beratschlagung innerhalb der Institution, wo über die Diskussion hinausgehend sich ein Konsens formiert hinsichtlich dessen was akzeptabel ist und was vielleicht nicht. Die intellektuelle Lebendigkeit der Institution hängt von solchem Austausch ab, denn die Individualität jeder einzelnen Analytikerin ermöglicht, die Schwerpunkte der Evaluierung zu erneuern oder zu verschieben (Dejours, 2006).

Wir bemühen uns alle, das »reine Gold« der Psychoanalyse, so wie wir es verstehen, zu bewahren. Eine von unserer eigenen Technik sehr verschiedene wird deswegen leicht verdächtigt, den Basiskonzepten nicht mehr treu zu sein, selbst wenn diese »andere« Technik in einer Nachbarinstitution vielleicht ganz zentral angesiedelt wird und auch von einer mehr oder minder großen Minderheit in der eigenen Institution vertreten wird. Dieser Konflikt ist unvermeidlich, er dient der Kohärenz der Institution, die wiederum nichts anderes ist als das Kollektiv der unter einem Dach versammelten AnalytikerInnen.

Allerdings gibt es in diesem Zusammenhang pessimistische Stimmen:

> »Da es so wenig Übereinstimmung hinsichtlich der Definitionen der Psychoanalyse oder von psychoanalytischen Konzepten gibt, ist es praktisch unmöglich, seriöse Urteile hinsichtlich der Kompetenz in der Disziplin zu fällen, vor allen Dingen auch, da viele Kollegen ihre Arbeiten überhaupt nie in der Öffentlichkeit vorstellen« (Kirsner, 2001, in De Oliveira, 2009, ohne Seitenangaben, eigene Übersetzung).

Und dann auch dies – menschlich, allzu menschlich, könnte man sagen: Oft ist unser Urteil über die Art und Weise, wie ein Analytiker-Kollege *arbeitet*, geprägt von unserer Einschätzung der *Person* des Analytikers. Dieser Kollege, der so viel Antipathie in uns auslöst, kann er ein guter Analytiker sein? Und Jener, der so viel in den Versammlungen spricht, kann der hinter der Couch überhaupt auch mal ruhig sein? Und dann noch dieser da mit seinen narzisstischen Allüren, kann der überhaupt jemand *anderem* zuhören und nicht nur sich selbst?

All dies spielt eine meist untergründige Rolle hinsichtlich der »Karriere« des Analytikers im Rahmen seiner Institution, vor allem dann, wenn es um die Erlangung des Status des Ausbildungsanalytikers geht.

Der Ausbildungsausschuss

Das Funktionieren von zahlreichen Ausbildungsausschüssen ist gefärbt von Überresten, so meine Hypothese, vom unanalysiert gebliebenen Übertragungsgeschehen in der frühen Psychoanalyse rund um Freud, welches im Geheimkomitee eine erste institutionelle Verankerung erfuhr. Dies war eine geschmiedete Gruppe, die sich ihre eigenen Regeln gab. In den Ausbildungsausschüssen heute ist es nicht immer anders. In den letzten Jahren gab es auf internationaler Ebene viele Diskussionen hinsichtlich der Probleme bei der Zusammensetzung dieses Ausschusses. Die IPV hat zum Beispiel die Frage aufgeworfen, ob das Mandat des Ausbildungsanalytikers zeitlich befristet sein sollte: Es gibt Mitglieder in den Ausbildungsausschüssen, die älter als 80 Jahre und oft nicht mehr in guter gesundheitlicher Verfassung sind. Ohne eine Altersbeschränkung, die sich die Institution selbst auferlegen muss, wird sich an dieser besorgniserregenden Situation nichts ändern. Sind es nicht Übertragungsphänomene, die uns daran hindern, dafür zu sorgen, dass nicht KollegInnen weit jenseits des Pensionsalters die Schlüsselpositionen in unseren Vereinigungen innehaben?

Die Frage der zeitlichen Beschränkung eines Mandats darf sich nicht nur auf ältere KollegInnen beziehen, zumindest nicht dann, wenn wir aus der Logik eines geheimen Komitees aussteigen wollen. Der Ausbildungsausschuss konstituiert zum großen Teil die Identität eines Instituts beziehungsweise einer Vereinigung, auch wenn deren Mitglieder dies gar nicht bewusst anstreben. Der Ausbildungsausschuss arbeitet diskret, aber dies verhindert nicht die latente Ausstrahlung, sondern verstärkt diese eher. Die Zugehörigkeit zum Ausbildungsausschuss ist von allen Mitgliedern, die innerhalb einer analytischen Vereinigung aktiv sind, hoch besetzt, unabhängig davon, ob sich dies im Sinne von Identifizierung oder Gegenidentifizierung darstellt: Es ist eben dieser Ausschuss, dem wir uns als BewerberInnen stellen mussten, der uns dann (nicht immer sofort) zugelassen hat, wir haben es ihm zu verdanken, dass wir die Ausbildung beginnen konnten, er hat uns erlaubt, (mit allen Höhen und Tiefen) AnalytikerInnen zu werden. Ohne Zweifel hängt von ihm die Generativität einer Vereinigung ab, *in fine* ihre Fruchtbarkeit, was zurückverweist auf sowohl ihre Verführungs- wie ihre Kastrationsfunktion.

Bleiben wir einen kleinen Augenblick beim Auswahlverfahren, das der Ausschuss verwaltet – ein Kopfzerbrechen für alle analytischen Institutionen. Die letzte diesbezügliche Untersuchung der IPV stammt von vor über fünfzehn Jahren und hatte zehn Jahre lang angedauert. »The Commission on the Evaluation of Applicants for Psychoanalytic Training« kam zu dem Schluss, dass die Auswahlkriterien und das Procedere bei deren Anwendung »äußerst wenig zufriedenstellend« seien. Das einzig akzeptable Vorgehen, so schlussfolgerte die Kommission, wäre, jeden zur Ausbildung zuzulassen, der als analysierbar eingeschätzt wird, der erklärt, Analytiker werden zu wollen und sein Leben bis zum Moment seiner Bewerbung erfolgreich gemeistert hat. Dies solle ausreichen, um an seine Fähigkeiten zu glauben, das, was er anstrebt, auszuführen (Kappelle, 1996, S. 1229), (Was ein »erfolgreiches Leben« ist, darüber kann man selbstverständlich auch wieder streiten!). Gleichwohl sind wir in den meisten Gesellschaften weit entfernt von dieser vergleichsweise einfachen Logik. Häufig vertrauen wir auf unsere sehr persönliche Intuition dahingehend, wer das Zeug zur Analytikerin hat und wer nicht. Indessen: »Es gibt keine Definition dessen, was einen ›guten‹ Analytiker ausmacht« (ebd.).[22]

Es ist eindeutig, dass die Vermittlung von psychoanalytischem Wissen, von der Technik, der Theorie wie auch die Supervision durch erfahrene Kliniker gesichert werden muss. Diese Ausbildungsanalytiker müssen eine große theoretische Kompetenz haben, um auch

22 Ausführliche Reflektionen dazu: Zwiebel (2013)

andere als die von ihnen favorisierten metapsychologische Konzepte und Techniken vermitteln zu können. Eine gewisse Distanz hinsichtlich der eigenen persönlichen Akzente ist also notwendig. Und die den Kandidaten begleitende permanente Evaluierung rechtfertigt die Arbeit eines Ausschusses an sich. Aber wenn man einräumen will, dass es immer auch eine Dimension von Gutdünken bei der Auswahl der KandidatInnen gibt – der Sympathie oder Antipathie geschuldet, der Tageslaune, vorhandenen Gruppenphänomenen wie etwa Rivalität unter den Mitgliedern des Ausschusses – dann kann man sich die Frage stellen, ob die KandidatInnenauswahl nicht besser von regelmäßig alternierenden Mitgliedern des Ausschusses gesichert werden sollte. Dies würde uns etwa davor schützen, nicht immerzu KandidatInnen mit einem bestimmten Profil auszuwählen, determiniert von erstarrten Gruppenprozessen in eine permanenten Ausschuss. Warum sollten wir nicht die Beteiligung auf drei bis fünf Jahre beschränken? Dies würde zu einem besseren Gleichgewicht zwischen Tradition und Innovation führen und könnte zum Ergebnis führen, dass 1) wir mehr KandidatInnen hätten, denn die rigiden Gruppendynamiken, so wie sie sich unweigerlich in einer mehr oder weniger permanenten Gruppe bilden, würden durch eine größere Mobilität gelockert; 2) das Gewicht der Übertragung auf den Ausbildungsausschuss innerhalb und außerhalb der Institution würde durch einen flexibleren Zu- und Abgang deutlich vermindert; 3) daraus könnte ein Geschehen, das weniger durch »gläubige Erwartung« (Freud 1890a, S. 297) gefärbt ist, entstehen, eine größere und nüchternere Verantwortung aller Mitglieder einer Gesellschaft. Dies würde auch zu einer anderen Wahrnehmung unserer Institutionen führen, sowohl die der Mitglieder wie die der Öffentlichkeit.

7 Zum Abschluss

So wie es in anderen Wissenschaften geschieht, hat Freud viele seiner Theorien vor dem Hintergrund vor allem klinischer Beobachtungen entwickelt. In diesem Sinne ist die Psychoanalyse (abgesehen von explizit spekulativen Schriften wie *Totem und Tabu* oder *Der Mann Moses und die monotheistische Religion*) eine empirische Wissenschaft. Damit sie dies bleibt, dürfen PsychoanalytikerInnen heute nicht davor zurückschrecken, die Metapsychologie vor dem Hintergrund neuer Beobachtungen zu verändern, Teile davon vielleicht zu verwerfen, neue hinzuzufügen. Dies war etwa der Fall als in den fünfziger Jahren die Bedeutung der Gegenübertragung herausgearbeitet wurde (Heimann, 1950; Racker, 1953): Aufgrund von Beobachtung wurde ein wichtiges neues Paradigma für die Metapsychologie der psychoanalytischen Situation eingeführt. Später wurde die große Bedeutung von Narration (Ricoeur, 2008) und Ko-Konstruktion (Gabbard, 1997) im analytischen Prozess erkannt. Solches Vorgehen entspricht den Kriterien wissenschaftlicher Forschung: Forschungsaktivität zielt darauf, einen theoretischen Apparat weiterzuentwickeln, um dessen Kohärenz zu vergrößern und, wenn es sich um empirische Forschung handelt, die Übereinstimmung von Theorie und dem Beobachteten zu verbessern: »Dies bedeutet, dass man immer wieder die verwendeten Konzepte und die daraus entwickelten Hypothesen untersucht, dass man die Untersuchungstechniken überprüft, dass man sich nach der Beziehung zwischen Theorie und Tatsachen fragt« (Perron 2010, S. XII, eigene Übersetzung). Psychoanalytische »Tatsachen«, also die Logik des inneren Erlebens des Patienten, werden in der klinischen Situation vom analytischen Paar (Analytikerin und Analysandin) vor dem Hintergrund ihrer gemeinsamen Geschichte co-konstruiert, an der Schnittstelle von Übertragung, der Technik und den jeweiligen Theorien des Analytikers, aufgrund seiner Gegenübertragung und seiner Erfahrung. Der metapsychologische Hintergrund des Analytikers ist deshalb keine Nebensächlichkeit, denn es geht in der Therapie immer auch um die Frage, was als normal anzusehen wäre oder eben nicht.

Viele PsychoanalytikerInnen widerstehen nur schlecht der Versuchung, vor dem Hintergrund ihrer hochspezifischen klinischen Erfahrungen mit leidenden Menschen Verallgemeinerungen abzuleiten. In dem Fall wandelt sich allerdings individuelle Norm in Normativität, denn, auch wenn es überraschend klingt: Die Norm hinsichtlich dessen, was man pathologisch nennen kann, ist in allererster Linie eine individuelle Norm (Goldstein, 1934).

> »Für den Menschen, der sich seine Zukunft fast immer vor dem Hintergrund vergangener Erfahrungen vorstellt, heißt ›wieder normal werden‹, eine unterbrochene Aktivität wieder aufnehmen. [...] Essenziell ist, aus einem Abgrund von Ohnmacht und Leiden wieder aufzutauchen, wo der Kranke fast für immer geblieben wäre; essenziell ist, entkommen zu sein« (Canguilhem, 2013 [1966], S. 95, eigene Übersetzung).

Anfrage nach Psychotherapie und Psychoanalyse im Sinne von psychischer Selbstveränderung, aber selbst Maßnahmen zur Modifizierung des Körpers zielen fast immer darauf, um zu einem als normal angesehenen Zustand zu gelangen: So wie die Analysandin wünscht, psychische Syndrome zu überwinden, um »normaler« leben zu können, erlaubt die chirurgisch korrigierte Nase, »normal« auszusehen, die reduzierte Brust gleicht an das Aussehen der Durchschnittsfrau an, die Geschlechtsumwandlung erlaubt endlich die »grundsätzliche Übereinstimmung von psychischem und körperlichem Geschlecht« (Dornes, 2012, S. 141).

Wenn etwa in der Praxis der künstlichen Befruchtung per se Indizien für die Verleugnung des Geschlechtsunterschieds gesehen werden (Chasseguet-Smirgel, 2001), wenn in der gesellschaftlichen Duldung von Familien mit Eltern gleichen Geschlechts der Untergang der symbolischen Ordnung gewittert wird (Flavigny, 2012), wenn der Frau, die keinen vaginalen Orgasmus erlebt, die

Verweigerung der Weiblichkeit bescheinigt wird (Schaeffer, 2003) und solcher »Metapsychologie« »ein herausragender Platz in der immer noch aktuellen Debatte zur menschlichen Sexualität eingeräumt werden« (Roussillon, 2013) muss, dann könnte man zunächst annehmen, dass es sich hier um einzelne ideologische Verirrungen von PsychoanalytikerInnen handelt. Aber wir hören solche Auffassungen immerzu auf unseren internationalen Kongressen. Manche KritikerInnen sehen dies als ewig »gestrig« an: »Nie wird das, was da aufscheint, einfach als das unbekannt Neue willkommen geheißen. So verspielt man die Möglichkeit, unverständliche und bedrohliche Phänomene als erfreuliche Vorboten der Transformation – hin zu etwas Neuem – zu verstehen« (Reiche, 2000, S. 33).

Wir haben gesehen, dass zentrale Konzepte der Psychoanalyse wie die vom Ödipuskomplex, von Männlichkeit und Weiblichkeit, nicht rational verankert sind, vielmehr recht verbreiteten, mehr oder weniger infantilen Fantasien und Wunschdenken entstammen.

Allerdings: Die innerpsychoanalytischen Versuche, die Metapsychologie neueren empirischen Erkenntnissen zu öffnen, sehen sich nach wie vor dem Verdacht von Häresie ausgesetzt. Wie die kanadische Psychoanalytikerin Hélène Tessier treffend schreibt:

> »Mit dem normativen Festhalten an der traditionellen Familie, an der heterosexuellen Verteilung der Elternfunktionen, den Geschlechtsstereotypen, mit der Verachtung für Forderungen nach Gleichheit, mit den abstrakten, apolitischen und archaischen Bezügen auf ein höheres Gesetz ist die Psychoanalyse lange jeder kritischen Analyse mit Hochmut begegnet« (Tessier, 2014, S. 108).

Viele AnalytikerInnen widerstehen nicht der Versuchung, ihre sehr spezifischen Erfahrungen mit leidenden Menschen zu verallgemeinern. Aber dann wird die individuelle Norm Normativität. Auch wenn dies zunächst überraschend scheint – die Norm dessen, was man als pathologisch ansieht, ist in erster Linie individuell (Goldstein, 1934).

> »Wieder normal werden ist für einen Menschen, der sich die Zukunft fast immer vor dem Hintergrund der vergangenen Er-

> fahrungen vorstellt, das Wiederaufnehmen einer unterbrochenen Aktivität […]. Das Entscheidende ist, dass es nach einer Talfahrt oder Krankheit, in der er *fast stecken geblieben* wäre, wieder bergauf geht; das Entscheidende ist, *noch einmal davon gekommen* zu sein« (Canguilhem, 2013 [1966], S. 95, Hervorhebungen im Original).

Die Anfrage nach Therapie oder Psychoanalyse, um sich zu verändern – und sei es, den Körper! – zielt in den meisten Fällen darauf, einen als normal angesehenen Zustand zu erreichen. So wie der Analysand seine psychischen Syndrome überwinden will, um »normaler« leben zu können, so kann die vom Chirurgen korrigierte Nase ermöglichen, ein »normales« Gesicht zu haben, die reduzierte oder vergrößerte Brust nähert dem Bild der »normalen« Frau an, die Geschlechtsumwandlung erlaubt endlich die »Übereinstimmung zwischen dem psychischen und dem körperlichen Geschlecht« (Dornes, 2012, S. 14).

Nun ist es eindeutig, dass die individuelle Norm nicht unabhängig ist vom dominanten Diskurs. Hier ist die implizite Normativität der Psychoanalyse problematisch.

Vom Konzept der »genitalen Sexualität« zu »Eros«

> »Wir merken, dass wir auf dem Wege zur Erkenntnis uns die Unterschiede des infantilen und des reifen Sexuallebens zunächst übertrieben groß vorgestellt haben, und tragen nun die Korrektur nach. Nicht nur die Abweichungen vom normalen Sexualleben, sondern auch die normale Gestaltung desselben wird durch die infantilen Äußerungen der Sexualität bestimmt« (Freud, 1905d, S. 113).

Es ist immer wieder überraschend zu sehen, wie klar Freud die Dinge sah, ohne sie allerdings systematisch zu konzeptualisieren. Aber man kann ja auch nicht alles auf einmal realisieren!

Adorno wies in Bezug auf Freud darauf hin, dass die herrschende und akzeptierte Form der Sexualität Resultat einer repressiven Integration sei: In der genitalen Sexualität »schließen unterm Zwang gesellschaftlicher Anpassung die Partialtriebe des Kindes, über die Agentur der Familie, zu einem Einheitlichen und dem gesellschaftlichen Zweck der Fortpflanzung Günstigen sich zusammen« (Adorno, 1963, S. 537). Die

> »von den als pervers geächteten Partialtrieben ganz gereinigte Genitalität [ist] arm, stumpf, gleichsam zum Punkt zusammengeschrumpft. Desexualisierung der Sexualität wäre wohl psychodynamisch zu verstehen als die Form des genitalen Sexus, in der dieser selber zur tabuierenden Macht wird und die Partialtriebe verscheucht oder ausrottet« (ebd., S. 537f.).

Diese tabuierten Partialtriebe leben unter dem genitalen Supremat weiter, man unterdrückt sie bei sich selbst und verfolgt sie deshalb bei anderen. Wir sind davor nicht gefeit, wird sind alle mehr oder weniger normativ und müssen als PsychoanalytikerInnen erhebliche Denkanstrengungen unternehmen, um uns davon freier zu machen. Besinnen wir uns wieder auf Freud, der geglückte Liebe bescheiden definierte als das Zusammentreffen von »zwei Strömungen, die wir als die zärtliche und die sinnliche voneinander unterscheiden können« (Freud, 1912d, S. 79).

Literatur

Abraham, E., Hendler, T., Shapira-Lichter, I., Kanat-Maymon, Y., Zagoory-Sharon, O. & Feldman, R. (2014). Father's brain is sensitive to childcare experiences. *PNAS, 111*(27), 9792–9797.

Abraham, K. (1982 [1921]). Äußerungsformen des weiblichen Kastrationskomplexes. In ders., *Gesammelte Schriften in zwei Bänden, Band I*. Frankfurt a.M.: Fischer.

Adorno, T. (1963). Sexualtabus und Recht heute. In ders., *Gesammelte Schriften Band 10.2* (S. 532–544). Frankfurt a.M.: Suhrkamp.

Allen, M. & Burell, N. (1996). Comparing the impact of homosexual and heterosexual parents on children: meta-analysis of existing research. *Journal of homosexuality, 32*(2), 19–35.

André, J. (2005). L'indifférent. In J. André (Hrsg.), *Les sexes indifférents* (S. 11–18). Paris: Presses Universitaires de France.

André, J. (2007 [1995]). *Aux origines féminines de la sexualité*. Paris: Presses Universitaires de France.

Atlan, H. (2005). *L'utérus artificiel*. Paris: Seuil.

Balestrière, L., Godfrind, J., Lebrun, J.P. & Malengreau, P. (2008). *Ce qui est opérant dans la cure. Des psychanalystes en débat*. Paris: Erès.

Baranger, W (1976). El »Edipo« temprano y el »complejo de Edipo«. *Revista de Psycoanalisis, 33*, 303–314.

Bergeret, J. (2002). Homosexuality or homoeroticism? ›Narcissistic eroticism‹. *Int. J. Psychoanal., 83*, 351–362.

Bernhard, T. (1976). *Der Keller. Eine Entziehung*. Salzburg, Wien: Residenz Verlag.

Bion, W. (1962). *Lernen durch Erfahrung*. Frankfurt a.M.: Suhrkamp.

Bion, W. (1970). *Attention and Interpretation*. London: Karnac.

Bion, W. (1992 [1963]). *Elemente der Psychoanalyse*. Frankfurt a.M.: Suhrkamp.

Bleger, J. (1967). Psychoanalysis of the Psychoanalytic frame. *Int. J. Psychoanal., 48*, 511–519.

Bleichmar, S. (2010). *Paradoxes de la sexualité masculine*. Paris: Presses Universitaires de France.

Boesky, D. (2013a). What does the presentation of case material tell us about what actually happened in an analysis and how does it do this? *Int. J. Psychoanal., 94*, 1135–1143.

Boesky, D. (2013b). Rejoinder: What does the presentation of case material tell us about what actually happened in an analysis and how does it do this? *Int. J. Psychoanal., 94*, 1163–1165.

Böllinger, L. (2015). Soziopsychoanalytische Reflexionen zur gesellschaftlichen Konstruktion von Sexualität und neuen Beziehungsformen. *Psyche – Z. Psychoanal., 69,* 603–631.

Botella, C. (2001). Kommentierung des Textes von R. Roughton: »Homosexualität: klinische und technische Probleme«. *IPA Newsletter, 10*(1), 20.

Burch, B. (1993). Heterosexuality, Bisexuality and Lesbianism. Rethinking Psychoanalytic Views of homosexuality. *Psychoanalytic Review, 80,* 83–99.

Canestri, J. (Hrsg.). (2006). *Psychoanalysis. From practice to theory.* Chichester, UK: Wiley.

Canguilhem, G. (2013 [1966]). *Le normal et le pathologique.* Paris: Presses Universitaires de France.

Chabert, C. (2013). Response: What does the presentation of case material tell us about what actually happened in an analysis and how does it do this? *Int. J. Psychoanal., 94,* 1153–1162.

Chasseguet-Smirgel, J. (2001). L'Idéal du Moi aujourd'hui: Le triomphe de la Voie Courte sur la Voie Longue. *Bulletin de la Fédération Européenne de Psychanalyse, 55,* 116–127.

Chiland, C. (1977). Question sur l'orgasme. *RFP, 41*(4) 653–662.

Corbett, K. (2003). Le roman familial non traditionnel. *Rev. Fr. Psychanal., 67*(1), 197–218.

Cournut, J. (1977). L'orgasme infini. *RFP, 41*(4), 668–674.

Cremerius, J. (1990). Training analysis and power. *Free Associations, 1U,* 114–138.

Crowl, A., Ahn, S. & Baker, J. (2008). A meta-analysis of developmental outcomes for children of same-sex and heterosexual parents. *Journal of GLBT Family Studies, 4*(3), 385–407.

De Oliveira, P.L. (2009). La formation des psychanalystes et leurs institutions: revue et commentaires des principales contributions critiques notamment au sein de l'IPA. http://www.psychanalyse.lu/articles/PradoFormationPsychanalystes.htm (20.07.2018).

Dejours, C. (2003). Pour une théorie psychanalytique de la différence des sexes. *Libres Cahiers pour la psychanalyse, o. J.,* 55–67.

Dejours, C. (2006). Evaluation et institution en psychanalyse. *Rev. Fr. Psychanal., 70,* 947–960.

Deutsch, H. (1944). *La psychologie des femmes, Band 1.* Paris: Presses Universitaires de France.

Deutsches Institut für Jugend und Gesellschaft. Homosexualität (2018). Daten und wissenschaftliche Studien – kurze Hinweise. http://www.dijg.de/homosexualitaet/wissenschaftliche-studien/sozialwissenschaftlich-psychologisch-medizinisch/ (20.07.2018).

Devereux, G. (1953). Why Oedipus killed Laius – A note on the complementary Oedipus complex in Greek Drama. *Int. J. Psychyoanal., 34,* 132–141.

Diatkine, G. (1996). Un débat encore vif: la sexualité. In J. Cournut (Hrsg.), *Psychanalyse et sexualité. Questions aux sciences humaines* (S. 145–150). Paris: Dunod.

Donnet, J.L. (2005). *La situation analysante.* Paris: Presses Universitaires de France.

Donnet, J.L. & Green, A. (1973). *L'enfant de ça.* Paris: Editions de Minuit.

Dornes, M. (2012). *Die Modernisierung der Seele. Kind – Familie – Gesellschaft.* Frankfurt a. M.: Fischer.

Drexler, P.F. (2006). The new family tree: lesbian, gay parenting, boys, latency, oedipal conflicts, gender development, masculine identity. *Journal of infant, child & adolescent psychotherapy, 5,* 240–256.

Ducousso-Lacaze, A. (2004). A propos du père dans la parentalité lesbienne. *Le divan familial, 13*(2), 29–42.

Ehrensaft, D. (2000). Alternative to the stork : fatherhood fantasies in donor insemination families. *Studies in gender and sexuality, 1,* 371-397.

Eribon, D. (2005). *Echapper à la psychanalyse.* Paris: Edition Leo Scheer.

Etchegoyen, H. (2005 [1991]). *Fundamentals of Psychoanalytic Technique.* London: Karnac Books.

Feld-Elzon, E. (2010). Homoparentalité – bisexualité – tiercéité. Impact du projet d'enfant et de l'IAD sur la bisexualité. *Revue Belge de Psychanalyse, 56*(1), 61–75.

Ferenczi, S. (1914). Zur Nosologie der männlichen Homosexualität (Homoerotik). *Int. Journal Psychoanal., 2,* 131–142.

Ferenczi, S. (1919). Brief vom 1. Dezember 1919 an Max Eitingon. In G. Wittenberger & C. Tögel (Hrsg.), *Die Rundbriefe des Geheimen Komitees, Band 1 (1913–1920).* Tübingen: Diskord.

Ferry, L. (2001). *Le sens du Beau.* Paris: Le Livre de poche.

Fink, B. (2005). *Eine klinische Einführung in die Lacan'sche Psychoanalyse.* Wien: Turia & Kant.

Fisher, S. (1973). *The Female Orgasm: Psychology, Physiology, Fantasy.* London: Allen Lane.

Flavigny, C. (2012). *Je veux papa et maman.* Paris: Salvator.

Fonagy, P. (2006). Psychosexuality and psychoanalysis: An overview. In P. Fonagy, R. Krause, & M. Leuzinger-Bohleber (Hrsg.), *Identity, Gender and Sexuality* (S. 1–19). London: International Psychoanalytical Association.

Foucault, M. (1976). *Überwachen und Strafen. Die Geburt des Gefängnisses* Frankfurt a. M.: Suhrkamp.

François-Poncet, C. M. (2006). Une institution peut-elle être psychanalytique. *Rev. Fr. Psychanal., LXX*(4), 1003–1014.

Freud, S. & Jung, C. G. (1974). *Briefwechsel.* Frankfurt a. M.: Fischer.

Freud, S. (1890a) [früher 1905b]. Psychische Behandlung (Seelenbehandlung). In ders., *GW V,* S. 287–315.

Freud, S. (1895d). Studien über Hysterie. In ders., *GW I,* S. 75–312.

Freud, S. (1900a). *Die Traumdeutung.* In ders., *GW II/III,* S. 169–282.

Freud, S. (1901b). *Zur Psychopathologie des Alltagslebens. GW IV.*

Freud, S. (1905d). *Drei Abhandlungen zur Sexualtheorie.* In ders., *GW V,* S. 28–145.

Freud, S. (1907a). *Der Wahn und die Träume in W. Jensens Gradiva. In ders., GW VII,* S. 29–122.

Freud, S. (1908d). Die kulturelle Sexualmoral und die moderne Nervosität. In ders., *GW VII,* S. 143–167.

Freud, S. (1908e). Der Dichter und das Phantasieren. In ders., *GW VII,* S. 213–223.

Freud, S. (1909c). Der Familienroman der Neurotiker. In ders., *GW VII,* S. 227–231.

Freud, S. (1910a). *Über Psychoanalyse.* In ders., *GW VIII*, S. 1–60.
Freud, S. (1910c). *Eine Kindheitserinnerung des Leonardo da Vinci.* In ders., *GW VIII*, S. 127–211.
Freud, S. (1912d). Über die allgemeinste Erniedrigung des Liebeslebens. In ders., *GW VIII*, S. 66–91.
Freud, S. (1912e). Ratschläge für den Arzt bei der psychoanalytischen Behandlung. In ders., *GW VIII*, S. 376–387.
Freud, S. (1912–1913a). *Totem und Tabu. GW IX.*
Freud, S. (1913i). Die Disposition zur Zwangsneurose. In ders., *GW VIII*, S. 442–452.
Freud, S. (1913j). Das Interesse an der Psychoanalyse. In ders., *GW VIII*, S. 389–420.
Freud, S. (1914d). Zur Geschichte der Psychoanalytischen Bewegung. In ders., *GW X*, S. 43–113.
Freud, S. (1916–1917a). *Vorlesungen zur Einführung in die Psychoanalyse. GW XI.*
Freud, S. (1920a). Über die Psychogenese eines Falles von weiblicher Homosexualität. In ders., *GW XII*, S. 269–306.
Freud, S. (1923b). *Das Ich und das Es.* In ders., *GW XIII*, S. 237–289.
Freud, S. (1930a). *Das Unbehagen in der Kultur.* In ders., *GW XIV*, S. 419–506.
Freud, S. (1933a). *Neue Folge der Vorlesungen zur Einführung der Psychoanalyse. GW XV.*
Freud, S. (1968 [1935]). Brief an Mrs. N. N. In ders., *Briefe 1873–1939. Hrsg. v. E. L. Freud & L. Freud.* Fischer Frankfurt.
Freud, S. (1937d). Konstruktionen in der Analyse. In ders., *GW XVI*, S. 43–56.
Freud, S. (1937c). Die endliche und die unendliche Analyse. In ders., *GW XVI*, S. 59–99.
Freud, S. (1939a). *Der Mann Moses und die monotheistische Religion.* In ders., *GW XVI*, S. 103–246.
Freud, S. (1940a). Abriss der Psychoanalyse. In ders., *GW XVII*, S. 63–138.
Freud, S. (1960). *Briefe 1873–1939.* Hrsg. v. E. L. Freud & L. Freud. Frankfurt a. M.: Fischer.
Freud, S. (1986). *Briefe an Wilhelm Fliess 1887–1904.* Hrsg. v. J. M. Masson. Dt. Fass. v. M. Schröter. Frankfurt a. M.: Fischer.
Gabbard, G. O. (1997). A Reconsideration of Objectivity. *Int. J. Psychoanal., 78*, 15–26.
Giurato, D. (2015). Geschichten vom kleinen Hans (Freud – Kafka). In I. Mülder-Bach & M. Ott (Hrsg.), *Was der Fall ist. Casus und Lapsus* (S. 129–143). Paderborn: Wilhelm Fink Verlag.
Goldsmith, S. J. (2001). Oedipus or Orestes? Homosexual men, their mothers, and other women revisited. *JAPA, 49*, 1269–1287.
Goldstein, K. (1934). *Der Aufbau des Organismus.* La Haye: Nijhoff.
Golombok, S. & Tasker, F. (1996). Do parents influence the sexual orientation of their children? Findings from a longitudinal study of lesbian families. *Development psychology, 32*(1), 3–11.
Green, A. (1995 [1975]). *Propédeutique. La sexualisation et son économie.* Paris: Champ Vallon.
Green, A. (1996). Has sexuality anything to do with psychoanalysis? *Int. Journ. Psychoanal., 76*, 871–883.
Green, A. (2003). *Die tote Mutter: Psychoanalytische Studien zu Lebensnarzissmus und Todesnarzissmus.* Gießen: Psychosozial-Verlag.

Grosskurth, P. (1991). *The Secret Ring: Freud's Inner Circle and the Politics of Psychoanalysis.* London: Jonathan Cape.

Gschwind, H. (2015). Manif[est] Homos[exuelle] wären – einstweilen – grundsätzlich abzuweisen. Sie sind ja meist zu abnorm. Zum Verhältnis von Psychoanalyse und Homosexualität. *Psyche – Z. Psychoanal., 69*(7), 632–647.

Gsell, M. & Zürcher, M. (2011). Licht ins Dunkel der Bisexualität. Bisexualität, anatomische Geschlechtsdifferenz und die psychoanalytische Bedeutung von »männlich« und »weiblich«. *Psyche – Z. Psychoanal., 65,* 699–729.

Haddad, G. (2002). *Le jour que Lacan m'a adopté.* Paris: Grasset.

Heenen-Wolff, S. (2010). *Homosexualités et stigmatisation: bisexualité, homosexualité, homoparentalité: nouvelles approches.* Paris: Presses Universitaires de France.

Heenen-Wolff, S. (2014). Same sex parenthood. *Rivista di Psicoanalisi, 60*(1), 147–158.

Heenen-Wolff, S. (2015). Normativität in der Psychoanalyse – eine Kritik. *Psyche – Z. Psychoanal., 69,* 585–602.

Heenen-Wolff, S. & Moget, E. (2015). Une famille (pas) comme les autres: grandir avec deux mères ou deux pères. In I. Roskam & M. Mikolajczack (Hrsg.), *Stress et défis de la parentalité* (S. 189–206). Bruxelles: De Boeck.

Heimann, P. (1950). On Counter-Transference. *Int. J. Psychoanal., 31,* 81–84.

Hite, S. (1976). *Le rapport Hite.* Paris: Laffont.

Hock, U. (2016). Jean Laplanche (1924–2012) – Von Freuds eingeschränkter zur Allgemeinen Verführungstheorie. In M. Conci & W. Mertens (Hrsg.), *Psychoanalyse im 20. Jahrhundert* (S. 155–173). Stuttgart: Kohlhammer.

Jones, E. (1962). *Das Leben und Werk von Sigmund Freud, Band II.* Bern: Verlag Hans Huber.

Kahn, L. (2004). *Fiction et vérité freudiennes. Entretiens avec Michel Enaudeau.* Paris: Balland.

Kappelle, W. (1996). How Useful is Selection? *Int. J. Psychoanal., 77,* 1213–1232.

Kate Millett, K. (1970). *Sexual Politics.* New York: Doubleday.

Kirsner, D. (2001). Off the Radar Screen. *Psychoanalytic Studies, 3*(2), 245–254.

Kuhn, T. S. (2008 [1962]). *La structure des révolutions scientifiques.* Paris: Flammarion.

Kupermann, D. (2002). Transferts croisés, transferts nomades. De la transmission de la psychanalyse et des institutions psychanalytiques. *Le Coq Héron, 2,* 75–84.

Lacan, J. (1966). *Écrits.* Paris: Seuil.

Lacan, J. (1984). Compte rendu d'enseignements. *Ornicar?, 29,* 8–25.

Lacan, J. (1994). *Le séminaire: livre IV: La Relation d'objet (1956–1957).* Paris: Seuil.

Laplanche, J. & Pontalis, J. B. (1967). *Das Vokabular der Psychoanalyse, Band 1.* Frankfurt a. M.: Suhrkamp.

Laplanche, J. & Pontalis, J. B. (1968). *Das Vokabular der Psychoanalyse, Band 2.* Frankfurt a. M.: Suhrkamp.

Laplanche, J. (1987). *Neue Grundlagen für die Psychoanalyse: Die Urverführung.* Gießen: Psychosozial-Verlag.

Laplanche, J. (1987). *Nouveaux fondements pour la Psychanalyse.* Paris: Presses Universitaires de France.

Laplanche, J. (2008 [1991]). Du transfert: sa provocation par l'analyste. In ders., *La revolution copernicienne inachevée* 1967–2002 (S. 417–438). Paris: Presses Universitaires de France.

Laplanche, J. (1992). Interpretation Between Determinism and Hermeneutics: A restatement of the problem. *Int. J. Psychoanal., 73*(3), 429–445.

Laplanche, J. (1998). Die Psychoanalyse als Anti-Hermeneutik. *Psyche – Z. Psychoanal., 52*, 605–618.

Laplanche, J. (1999 [1992]). *La sexualité humaine, Biologisme et Biologie.* Paris: Institut Synthélabo.

Laplanche, J. (2000a). Sexualité et attachement dans la métapsychologie. In *D. Widlöcher* (Hrsg.), *Sexualité infantile et attachement* (S. 57–82). Paris: Presses Universitaires de France.

Laplanche, J. (2000b). The other within: Rethinking psychoanalysis, Interview mit John Fletcher und Peter Osborne. *Radical Philosophy*, (102), o. S.

Laplanche, J. (2002). Le genre, le sexe, le sexual. *Libres cahiers pour la psychanalyse, 8*, 69–103.

Laplanche, J. (2004). Die rätselhaften Botschaften des Anderen und ihre Konsequenzen für den Begriff des Unbewussten im Rahmen der Allgemeinen Verführungstheorie. *Psyche – Z. Psychoanal., 58*, 898–913.

Laplanche, J. (2006). *Sexual. La sexualité élargie au sens freudien.* Paris: Presses Universitaires de France.

Laplanche, J. (2008). *La revolution copernicienne inachevée 1967–2002.* Paris: Presses Universitaires de France.

Laplanche, J. (2009). Inzest und infantile Sexualität. *Psyche – Z. Psychoanal., 63*, 525–539.

Laqueur, T. (1990). *La fabrique du sexe.* Paris: Folio essais.

Le Guen, C. (2010). La psychanalyse, c'est comme l'amour. *Revue Française de Psychanalyse, LXXIV*, 351–368.

Le Soldat, J. (2015). *Grund zur Homosexualität.* Stuttgart: Fromann-Holzboog.

Lorenzer, A. (2000). *Sprachzerstörung und Rekonstruktion. Vorarbeiten zu einer Metatheorie der Psychoanalyse.* Frankfurt a. M.: Suhrkamp.

Lüdemann, S. (2014). As the case may be. Über Fallgeschichten in Literatur und Psychoanalyse. In I. Mülder-Bach & M. Ott. (Hrsg.), *Was der Fall ist. Casus und Lapsus* (S. 115–128). Paderborn: Wilhelm Fink Verlag.

Mikolajczak, M. & Baruffol, E. (2010). L'homoparentalité à l'épreuve. In S. Heenen-Wolff (Hrsg.), *Homosexualité et Homoparentalité* (S. 117–144). Paris: Presses Universitaires de France.

Millett, K. (1970). *Sexual Politics.* Garden City, New York: Doubleday.

Moget, E. (2010). Homosexualité: recherche qualitative. In S. Heenen-Wolff, *Homosexualités et stigmatisation* (S. 145–173). Paris: Presses Universitaires de France.

Naziri, D. & Feld, E. (2009). La représentation de la fonction parentale chez les couples lesbiens en demande d'IAD. *Le bulletin freudien, 54*, 53–64.

Naziri, D. (2010). Devenir mère au sein d'un couple homosexuel: la place du tiers. *Revue Belge de Psychanalyse, 56*(1), 35–59.

Nizon, P. (1991). *Marcher à l'écriture.* Arles: Actes Sud.

Ody, M. (2003). Troubles de représentance chez un enfant de parent homosexuel. *Rev. Fr. Psychanal., 67*(1), 219–228.

Perron, R. (2010). *La raison psychanalytique. Pour une science du devenir psychique.* Paris: Dunod.

Phillips, S. (2003). Homosexuality/Coming out of the confusion. *Int. J. Psychoanal., 84,* 1431–1450.

Pontalis, J.B. (1974). *Nach Freud.* Frankfurt a.M.: Suhrkamp.

Pontalis, J.B. & de M'Uzan, M. (1977). Écrire, Psychanalyser, Écrire. Échange de vues. *Nouvelle Revue de Psychanalyse, (16),* 5–26.

Quindeau, I. (2006). *Verführung und Begehren. Die psychoanalytische Sexualtheorie nach Freud.* Stuttgart: Klett-Cotta.

Racker, H. (1953). A Contribution to the Problem of Counter-Transference. *Int. J. Psychoanal., 34,* 313–324.

Reiche, R. (2000). »…versage uns die volle Befriedigung« (Sigmund Freud). Eine sexualwissenschaftliche Zeitdiagnose der gegenwärtigen Kultur. *ZPTP, 15,* 10–36.

Ricoeur, P. (2008). *Autour de la psychanalyse. Ecrits et conférences 1.* Paris: Seuil.

Ristock, J. (2009). *Diversité sexuelle et construction de genre.* Quebec: Presses de l'Université du Québec.

Rocha Barros, E.M. (2013). What does the presentation of case material tell us about what actually happened in an analysis and how does it do this? *Int. J. Psychoanal., 94,* 1145–1152.

Roudinesco, E. (2002). Psychanalyse et homosexualité: réflexions sur le désir pervers, l'injure et la fonction paternelle. *Cliniques méditerranéennes,* (65), 7–34.

Roughton, R. (1999). La cure psychanalytique des homosexuels hommes et femmes. *RFP, LXIII,* 1281–1301.

Roughton, R.E. (2002). Rethinking homosexuality: What it teaches us about Psychoanalysis. *JAPA, 50,* 733–763.

Roussillon, R. (2013). Préface. In J. Schaeffer (Hrsg.), *Le refus du féminin: la Sphinge et son âme en peine* (S. 11–17). Paris: Presses Universitaires de France.

Salomonsson, B. (2013). Hat infantile Sexualität irgendetwas mit Kindern zu tun? *Internationale Psychoanalyse, 8,* 237–257.

Sandler, J. (1983). Die Beziehungen zwischen analytischen Konzepten und psychoanalytischer Praxis. *Psyche – Z. Psychoanal., 37,* 577–595.

Sandner, D. (2017). *Die Gesellschaft und das Unbewusste: Kulturpsychologische Erkenntnisse.* Berlin: Springer

Schaeffer, J. (2005). Quelle indifférence des sexes? In J. André (Hrsg.), *Les sexes indifférents* (S. 93–119). Paris: Presses Universitaires de France.

Schaeffer, J. (2008). *Le refus du féminin.* Paris: Presses Universitaires de France.

Schneider, M. (2005). *Big Mother, psychopathologie de la vie politique* (2. Aufl.). Paris: Odile Jacob.

Schneider, B. & Vecho, O. (2015). Le développement des enfants adoptés par des familles homoparentales: une revue de la littérature. *Neuropsychiatrie de l'enfance et de l'adolescence, 63*(6), 401–412.

Schröter, M. (1995). Freuds Komitee 1912–1914. Ein Beitrag zum Verständnis psychoanalytischer Gruppenbildung. *Psyche – Z. Psychoanal., 49,* 513–563.

Sironi, F. (2011). *Psychologie(s) des transsexuels et transgenres.* Paris: Odile Jacob.

Stacey, J & Biblarz, T (2001). (How) Does the sexual orientation of parents matter? *American Sociological Review, 66,* 159–183.

Stuhr, U. (2007). Die Bedeutung der Fallgeschichte für die Entwicklung der Psychoanalyse. *Psyche – Z. Psychoanal., 61,* 943–966.

Tessier, H. (2014). *Rationalisme et émancipation en psychanalyse: Jean Laplanche.* Paris: Presses Universitaires de France.

Tuckett, D. (2005). Does anything go? Towards a framework for the more transparent assessment of psychoanalytic competence. *Int. J. Psychoanal., 86,* 31–49.

Vecho, O. & Schneider, B. (2005). Homoparentalité et développement de l'enfant: bilan de trente ans de publications. *La psychiatrie de l'enfant, 481*(1), 271–328.

Walter, H. J. (2006).: *Erzählen. Psychoanalytische Reflexionen.* Hrsg. v. H. Hierdeis. Wien: Lit Verlag.

Widlöcher, D. (2000). Amour primaire et sexualité infantile. In ders. (Hrsg.), *Sexualité infantile et attachement* (S. 1–55). Paris: Presses Universitaires de France.

Wikipedia (2016). Homosexualität. https://de.wikipedia.org/wiki/Homosexualität (20.07.2018).

Winnicott, D.W. (1958). Über die Fähigkeit, allein zu sein. *Psyche – Z. Psychoanal., 12,* 344–352.

Winnicott, D.W. (1960). Primäre Mütterlichkeit, *Psyche – Z. Psychoanal., 14,* 393–399.

Wittenberger, G. & Tögel, Ch. (Hrsg.). (1999). *Die Rundbriefe des Geheimen Komitees, Band 1 (1913–1920).* Tübingen: Diskord

Zepf, S., Zepf, F., Ullrich, B. & Seel, D. (2014). *Ödipus und der Ödipuskomplex. Eine Revision.* Gießen: Psychosozial Verlag.

Zwiebel, R. (2013). *Was macht einen guten Psychoanalytiker aus? Grundelemente professioneller Psychotherapie.* Stuttgart: Klett-Cotta.